무엇 때문에 우리는 겨울인가
― 경계를 허물다

무엇 때문에 우리는 겨울인가
― 경계를 허물다

김용언 제12시집

현대작가사

시인의 말

시와 수필의 경계를 허물며

감동을 주지 못하는 시는 시가 아니라 잡문에 불과하다.
모 문학지 시 슬로건으로 내건 문구가 생각난다.
"시인은 시를 써야 한다" 여기서 시란 시다운 시를 의미하는 것이다.

내가 등단할 당시 70년 초반에는 신문사의 신춘문예나 문학지에 추천 제도가 있어 두 번에서 세 번을 추천받아야 문인으로 등단할 수 있었다.
그 당시에는 모든 문학 장르를 포함하여 문학인이 500명 정도라 얼굴도 알고 작품도 알 수 있을 정도였다.
시인이나 작가가 되기 위해선 적어도 몇 년은 사사를 받거나 독학으로 공부를 해야 되었다.

문학의 방법에는 역사학적 방법, 심리학적 방법, 사회학적 방법, 형식적 방법, 신화학적 방법 등을 꼽을 수 있다. 어느 방법을 쓰더라도 독자와의 교감이 있어야 하고 감동이 있어야 하고 치유의 기능이 있어야 한다.

그런 생각을 하며 요번 열두 번째 시집을 발간하며 시적 기능은 살리되 새로운 변화를 모색해 보았다. 시와 수필의 경계를 무너뜨린 글을 써 보고 싶었다. 곧 산문과 정형적인 시의 경계를 넘어 나와 나의 독자들에게 다가서고 싶었다.
시 같은 수필 또는 수필 같은 시를 써 보고 싶었다.

등단 50여 년 만에 12권을 내놓고 보니, 그리 다산多産은 아닌 듯싶다.

내 시가 치유의 기능으로 독자에게 다가서기를 바라는 마음으로 열두 번째 작품집을 상재한다.

을사년乙巳年 정월,
경기도 가평 '사람의 마을'이란 농막에서

차례

시인의 말 … 4

제1부 물빛이 곱구나

나의 사계 … 14
우리 밥 한 끼 먹자 … 15
혀가 꼬인다 … 16
오늘도 비 내린다 … 17
봄 여적 · 1 … 18
선線에 관하여 … 22
목숨을 허무는 것 … 23
너에게 가는 길 … 24
아침을 삼킨다 … 25
물빛이 곱구나 … 26
매화 이야기 … 27
불도화를 보면서 … 28

제2부 외솔과 더불어

낙엽을 밟으며 … 30
낙서 한 꼭지 … 31
외솔과 더불어 … 32
사람이 그립다 … 33
아주 편한 말 … 34
전봇대와 애무를 … 35
무엇 때문에 우리는 겨울인가 … 36
가로등 … 38
삶의 향기 … 39
손사래를 쳤다 … 40

제3부 너는 나의 비상약

나비 … 42

비틀거리다 … 43

삽질을 하다 … 44

뿌리 … 46

소금 … 48

너는 나의 비상약 … 49

가지치기 … 50

흘러가는 것이 어디 시간뿐이랴 … 51

혼자 걷는 길-1 … 52

꽃이 진자리 … 54

제4부 길을 트다

가을 오후 2시의 추억 … 56
너는 나의 무엇이기에 … 58
길 위에서 길만 보고 걷다 … 60
너 아직도 거기 있구나 … 61
그저 그렇게 … 62
북배산으로 하산 … 63
이야기하자 … 64
산행 … 66
연인산에 들다 … 68
팔봉산을 오르며 … 70
산에 오르니 길이 보였다 … 72
겨울길 걷기 … 73
혼자 걷는 길-2 … 74
길을 트다 … 77
겨울 강가 위에 낙서 한 꼭지를 쓰다 … 78

제5부 겨울 낙서

겨울 강물은 조용하다 … 82
겨울 낙서-11 … 83
겨울 낙서-12 … 84
길로 나섰다 … 86
겨울 낙서-17 … 88
가평엘 가면 연인산이 보인다 … 89
겨울 낙서-19 … 92
겨울 낙서-20 … 94
겨울 낙서-21 … 98
겨울 낙서-22 … 102
겨울 낙서-26 … 104
겨울 산행-27 … 107
겨울 산행-29 … 110

제6부 겨울 산행

겨울 산행-32 … 114

겨울 산행-33 … 117

겨울 낙서-34 … 119

겨울 낙서-35 … 122

겨울 낙서-36 … 124

겨울 낙서-37 … 127

겨울 낙서-40 … 129

겨울 낙서-51 … 132

겨울 낙서-52 … 135

| 평설 |

새 장르에서 향유하는 황홀한 싱그러움 _ **장철주**(문학평론가) … 141

제1부

물빛이 곱구나

흔한 것이 그리운 것이다
하늘이 그렇고, 물이 그렇고, 바다가 그렇고, 바람이 그렇다

길바닥에 돋아난 질경이
더러는 보도블록 사이에 돋아난 민들레
나를 일으켜 세운다

나의 사계

봄은 너무 짧았고
겨울은 너무 추웠다
그러나 여름엔 태양처럼 당당했고
가을에는 넉넉하지는 못했지만 추수도 했다

나의 이웃들은
"당신은 그럭저럭 하늘의 은총을 받았다"고 말한다

나는 바보처럼 웃었다

우리 밥 한 끼 먹자

유행처럼 번지는 말이다. 참 쉬운 말인데, 바쁘다면서 전화나 카톡,
더러는 한발 앞선 친구는 영상 통화로 대면하는 시대에 살고 있다
얼굴 마주하고 후루룩 후루룩 소리 내며 국수 한 그릇이라도
비우고 싶은데 그냥 바쁘단다

야! 친구야!
시간 내 봐라, 우리 만나서 밥 한 끼 먹자!
쉬운 말인데 쉬운 말을 잊으며 사는 4차원 시대의 외로운
풀잎이다
외로움이 뭔지도 모르며 살고 있다

그렇게 살다가 그렇게 골목 끝으로 사라지고 있다

우리, 시간 내어 밥 한 끼 먹자
서로 얼굴 대하며 어떻게 살고 있는지 살아가는 이야기 나누고
싶은데, 뭔지 바쁘다는 말로 한 끼를 때워버린다

혀가 꼬인다

술을 한 잔 삼키고 나니 혀가 꼬인다
히읏 발음과 시옷 발음이 꽈배기를 틀고 하려는 말이
헛갈린다

사랑한다는 말을 했는데 소식이 없다
사랑이라는 말이 사탕으로 바뀌어, 단맛을 빨고
싶다라는 말로 둔갑했나 보다

어쨌거나 세상 모든 것을 빨아 삼키고 싶다

모든 것을 빨아 삼키고 싶은 심정이다

오늘도 비 내린다

쫓기는 도둑처럼 오락가락 불안하다
우산을 쓴 사람도 몸을 기우뚱거리고 깃이 젖은 새들도
무거운 날개로 삐뚤삐뚤 허공에 길을 낸다
쏟아진 빗줄기는 낮은 곳으로 몰려들어 우장창 우장창
천변을 부수고 있다

사람도 동물도 나무도 불안에 떨고, 쏟아지는 빗줄기도
불안한지 약한 곳을 찾으며 두리번거린다

오늘도 비 내린다
숲을 우뚝 세우기 위해
새로운 풀잎을 불러내기 위해 비가 내리는데, 내
일기장에도 물이 고이고 있다

봄 여적 · 1
― 깜빡이 추억

고등학교에 입학할 무렵 절친 집엘 갔을 때의 추억이다
지금 생각해보니 종로구 숭인동에 있던 달동네였다
남녀 할 것 없이 아랫동네 공동수도에 가서 식수를 물지게로 나르던 시대다. 그나마 조금 여유 있는 집은 물 한 지게(두 통)에 약간의 지전을 주고 사서 먹는 집도 있었다. 해가 뜨면 남녀 모두 아랫마을로 일을 나갔다

여자는 아랫동네 부잣집 잡일이나 식모(지금은 도우미라 부름)로 나가고 남자들은 대부분 건설 현장 잡부로 나갔다. 그러다보니 한낮에는 동네를 지키는 것은 병든 노인네와 개들뿐이었다
개들도 일정 기간 기르면 보신탕감이 됨으로 집집마다 한두 마리는 기르고 있었다
개가 크면 유일한 목돈이 생기게 되므로 아랫동네 일하러 갔던 아낙들이 먹다 남은 음식물을 담아와 먹이곤 했다. 그러다 보니 서울 변두리 (당시는 서울 성북구)였으나 지금은 종로의 중심가가 되었다 숭인동의 한낮에는 바람 소리와 구름 흘러가는 소리 또는

판자촌 문 흔드는 소리에 장단 맞추듯 개 짖는 소리만
아랫마을로 흘러가곤 했다

친구네 집은 숭인동 돌산 위에 있었다. 해만 뜨면 정으로
돌 쪼는 소리가 장구 치는 소리처럼 장단을 맞춰 들려왔다

나는 경기도 의정부에서 통학을 하였던 때라 가끔 숭인동
종합버스터미널까지 버스를 타러 오곤 했다. 대부분
통근차(기차를)를 이용하지만, 일찍 끝나거나 주머니에
여유가 생기면 숭인동에서 의정부행 버스를 타곤 했다

학교에서 숭인동 시외버스 정류장까지 전차(지금은 괘도를
달리는 전차가 없어 짐)를 타고 오곤 했다
당시 전차 요금은 25환으로 기억된다. 나는 이모부가
한전에 근무하던 때라 가끔 전차표를 한 묶음씩 얻을 수
있어 친구들에게 인심을 쓰기도 했었다
숭인동에 오면 으레 달동네 친구 집을 방문했다
집에 오면 친구 아버지는 절구에 돌을 빻아 조리질하는
모습을 볼 수 있었다. 광산개발을 하는 친구 아버지는
광산에서 가져온 돌조각을 채집하여 절구에 빻아
조리질을 한 후 광물을 분석하고 있었다
광맥을 찾아 성공했다는 얘기는 고등학교 졸업할 때까지

듣질 못했다
친구네 집은 단출했다
미군이 버린 베니다판으로 얼기설기 지은 집이라 골목을 지나가는 발자국소리까지 들려 남자가 지나가는지 여자가 가는지를 가늠할 수 있을 정도였다
친구 방은 다행히 칸막이가 되어 있어서 우리들의 아지트가 되었다

가끔 이웃에 사는 깜빡이(눈을 깜빡깜빡하기에 붙여진 별명)가 놀러 왔다
명문고에 다니는 이 여학생은 우리보다는 2년 선배였고 키도 홀쩍 컸다
나는 가끔 가방에 숨겨가지고 다니던 씨레이션을 꺼내 친구와 깜빡이와 같이, 별식으로 즐겼다. 물론 씨레이션은 아버지가 미8군 PX에서 구입해 준 것이었다

친구 집에 가면서 깜빡이를 자주 만났다
밉상도 아니고 키도 홀쩍 커서 여친으로 삼아도 부끄럽지 않을 외모다
거기다 내놓으라는 명문고 출신이니 금상첨화다

하루는 친구가 물 뜨러 간다고 아랫동네 공동수도가로

갔을 때 깜빡이가 왔다. 친구가 없다는데도 우리의 좁은 아지트로 들어왔다
"용언아!
나보다 두 살 아래니 누나라 생각하고 편하게 대해!"
"알았지"
기어들어 가는 목소리로 "네!"
"너 아직 여자 손목 잡아 본 적도 없지?"
"오늘은 내 손 한 번 잡아봐도 돼"
이 말을 들으니 피가 거꾸로 도는 것 같고 빈혈이 일어났다
마침 이때 물지게를 지고 온 친구가 판자문을 삐걱 열며 들어섰다
문 열린 틈으로 버드나무의 파란 새순이 보였고 아랫동네로 내려가는 구불구불한 길이 한눈에 잡혔다 그 후 깜빡이를 만날까 겁이나 친구집 가는 횟수를 줄이고 깜빡이를 피했다

선(線)에 관하여

나와 너는 직선이다
그러나 나와 그는 곡선이다
나와 너의 거리보다 나와 그의 거리는 멀다
항상 곡선은 직선보다 거리가 멀다

목숨을 허무는 것

시가 나의 시간을 뺏어간다
내 생명은 노루 꼬리만큼 줄어들고 있었다

시가 내 혼을 조금씩 갉아먹고 있다
모든 시인도 자벌레처럼 시를 쓰며 목숨을 갉궈 먹고 있다

모든 시인은 시 한 편을 위해 저녁노을이 지도록 가슴을
허물고 있다

너에게 가는 길

너는 나에게 가문 날 내리는 비다
너에게 흠뻑 젖고 싶어 우산도 마다하고 길 위에 선다

비에 젖어 본 사람만이 빗물의 향기를 느낄 수 있다기에
흠뻑 젖어 본다

봄비는 너무 정겨워 슬프고 가을비는 단풍이 너무 고와
너를 사랑하게 되었다

너에게 가는 길은 언제나 막막하지만,
안개 속에 갇힌 너를 만나기 위해 길 위에서 외로움을
배운다

아침을 삼킨다

위 속에 들어간 아침에서 파란 싹이 트더니 나팔꽃이
상큼하다
매일 매일
아침을 삼킨다
새콤하고 달달한 아침이란 단어를 삼키면
씹을수록 침샘이 흥건해진다

물빛이 곱구나

오랜만에 얼큰한 민물매운탕 생각이 나기에 아랫집 L 사장에게
전화를 걸었다
오늘은 32도까지 치솟는다는데 바람도 쐴 겸 강가로 가자고 했다
금강산에서 발원하여 춘천과 가평, 청평을 거쳐 양수리에서
남한강과 합류해 서해로 흘러가는 북한강이 지척이다
주 1회는 산책 겸 찾는 곳이다
매콤하고 담백한 쏘가리 매운탕으로 점심을 때웠다
오전 운동(산책)을 한 터라 식후엔 자라섬 그늘에서 더위를
달래려 했다

어떤 모녀의 이야기를 엿들었다
"얘야! 물빛이 참 곱구나. 젊은 시절 입었던 옥색 저고리 생각이
나는구나"
"그러네요, 어머니의 고왔던 맵시가 생각나네요"
나는 나이 들어 보이는 어머니의 젊은 시절의 모습을 상상했다
딸의 말솜씨가 물빛이라는 생각을 하며
딸의 고운 말솜씨를 가슴에 담았다

매화 이야기

십여 년
눈 맞추며 살던 홍매화
햇빛을 토해내더니 어느 날부터 실어증에 걸렸다

잎도 시들시들 꽃 피우기를 거부하고
가지를 축 늘어뜨린다

산다는 것이 버거워 우울증을 앓던 누이를 떠올리며
매화야, 너 아픔 나눠 가지자고 말 건네 본다

그러나 그러나
매화의 꿈은 아주 높은 데 있어
까치발로 키를 세워 보지만 그와 눈 마주칠 수 없다

불도화를 보면서

흔한 것이 귀한 것이다
물이 그렇고, 공기가 그렇고, 사랑이 그렇다

흔한 것이 그리운 시절이다
하늘이 그렇고, 물이 그렇고, 바다가 그렇고, 바람이 그렇다

길바닥에 돋아난 질경이
더러는 보도블록 사이에 돋아난 민들레
나를 일으켜 세운다

쉼 없이 퍼주던 어머니의 사랑
어머니!
어머니 외쳐본다

부질없어 보이는 불도화를 보며
부질없는 것이 눈물처럼 투명하다는 걸 알아냈다

제2부

외솔과 더불어

무엇 때문에 우리는 겨울인가
봄 준비에 몸살을 앓는 매화에게 물어봐도 대답이 없고, 북쪽으로 날아가는 철새에게 물어봐도 대답이 없다

낙엽을 밟으며

낙엽이 발바닥에서 파득인다
신神이 나를 밟고 지나갈 때를 생각해본다
슬픈 것은 언제나 슬픈 빛을 내고
행복한 것은 항상 행복한 빛을 낸다
지금 나는 옥색빛을 밟으며 겨울로 들어서고 있다

사랑하던 것들이 나를 떠나갔다
파들거리던 코스모스도 떠나고, 가슴 울렁거리게 하던
산국山菊도 산을 비웠다

낙엽을 밟으며 길을 걷는다
발바닥 아래서 바스러진다

신이 나를 밟고 지날 때도 나는 바스러지는 소리를 낼 거
같다

낙엽을 밟으며 마음의 건강을 회복하는 나는 끝내, 엷은
햇빛에도 감사하다는 고백을 하고 말았다

낙서 한 꼭지

혼자 농막에 머물고 있으니 바람 소리가 등을 떠민다
낮에는 까막까치 소리가 빈 공간을 채워 견딜 만했는데
밤에는 어둠 속으로 무너지는 바람 소리뿐이다
눈이 침침하여 책도 보기 힘들어 뜰로 나서니 밤하늘엔
얼어붙은 별밭이 눈을 시리게 한다
감정과 상상력도 영하 20도쯤이라 낙서나 끼적거려본다
벽난로에서는 참나무 장작이 불꽃을 일으키면서 노시인의
시처럼 뜨겁다
바람 소리를 지우기 위해 잠을 청해본다
얼어붙었던 별들이 와르르 무너져 내리기 시작했다

외솔과 더불어

농막 초입에 소나무 한 그루 심었다
십수 년을 지나니 별빛, 달빛과 더불어 키를 세운다
때로는 외로움과 더불어 옹이를 만든다

세월 흐르니 어머니처럼 등은 굽고 곱던 피부가
꺼칠하다
바람도 쉬어가고 별빛도 쉬었다 가고 비 오는 날이면
산새들도 날아들어 깃을 고치다 떠났다
나 또한 더불어 나이를 먹고, 외로움을 털어내는 지혜를
배우고
소나무처럼 몇 개의 옹이를 만들고 있다

사람이 그립다

물소리와 바람소리가 내 귀에 전부다
다행인지 하늘 푸르른 날은 산비둘기가 귓바퀴에서
번들거린다
아내는 세월이 너무 빠르다 한탄하는데 나에겐 세월이
호수의 물처럼 고요할 뿐이다
비가 오거나 바람이 거센 날에는 사람이 목이 마르도록
그리워진다
꼭 만나고 싶은 얼굴은 딱히 없는데 농담이라도 나눌 수
있는 사람이 곁에 있으면 좋겠다

잔정이 없는 탓으로 말벗이 없다
그래서일까 길다란 의자에 앉아도 옆자리는 항상 비어
있었다
연일 비가 내리는 장마철에는 더욱 사람이 그리워진다

빗소리처럼 가슴이 저리다
대문을 활짝 열어 놓았는데도 빗물만 흥건하게 흘러간다

아주 편한 말

냉동고와 냉장고가 별실에 있다
냉동고 속에는 캄차카반도 해협을 살다 온 명태도 있고 시베리아
벌판을 누비며 살던 멧돼지 살점도 들어 있다

아내는 사랑하는 식구들을 위해 도마 위에 얼은 살점을 칼질한다
고맙다
근해에서 잡은 오징어나 조기 혹은 병어 따위는 냉장고에서
파도타기를 즐기는지 물 부딪히는 소리가 요란하다
운이 좋은 날은 살피듬 좋은 농어가 나의 침샘을 자극한다
냉동고와 냉장고를 보니 오십 년이 잠깐인 것만 같다

끼니때마다 냉동고와 냉장고 속에서 펄럭이는 파도 소리에 귀를
기울인다

나이 들수록 입이 짧아지는 나를 위해 간장 요리가 좋으냐
고추장소스가 좋으냐 묻는 아내에게 늘상 하는 대답은 편한 대로
해주세요
아주 편한 말인데 어렵다고 한다

전봇대와 애무를

벗들과 어울려 거나하게 한 잔 걸친 후, 비틀거리며 귀가를 하던 날, 소피가 급해 전봇대 아랫도리에 실례를 했다

"야! 너희 동네 진돗개 수컷 왕초도 다리 하나 들고 쉬를 하는데, 너는 내 아랫도리를 적시면서 건방지게 두 다리를 땅에 딛고 실례하냐?"

깜짝 놀라, 얼떨결에 다리 한 짝을 들고 쉬를 마무리하려는데, 균형을 잃고 전봇대를 휘어잡고 말았다

"야! 지금 나를 애무하는 거니?"

애무라는 말을 들으니 갑자기 회춘하는 느낌이 들어 집으로 내달려야 했다

무엇 때문에 우리는 겨울인가

갈색의 억새 위로 바람이 차다

마늘밭엔 봉긋 새순 돋는데 너와 나 머리 위로는 아직
찬바람이구나
봄이라기엔 아직 가슴 아린 2월이구나

무엇 때문에 우리는 어디로 달려가고, 무엇 때문에
슬퍼하는지도 모르며 2월을 맞이하고 또 보내고 있구나

강물 위로 물안개 피어올라 봄날 아지랑이 같은데 우리는
2월을 아무렇지 않게 보내고 있구나

무엇 때문에 우리는 겨울인가
봄 준비에 몸살을 앓는 매화에게 물어봐도 대답이 없고,
북쪽으로 날아가는 철새에게 물어봐도 대답이 없다

무엇 때문에 우리는 겨울인가라는 질문을 해도 2월은

그렇게 와서 아무렇지 않게 흘러가고 있다

2월은 언제나 진행형이었다

가로등

올빼미를 떠올린다
어둠을 먹고 사는 가로등이 흥미롭다

사람들은 어둠의 포로가 되지만 가로등은 깊은 어둠을
즐기고 있다

가로등 밑에 서면 누구나 평등하다
내장까지 검은색이고,
머리카락부터 심장까지, 어떤 날은 발바닥까지 까맣다

그런 탓인가
비밀이 많은 사람은 가로등을 무서워해야 한다

어느 날, 북콘서트 행사장를 준비하다가 만난 어느 여류
시인에게 잠을 못 자서 일상이 힘들다고 했더니, "올빼미
족"이냐 물었다.
난 그 말이 "가로등족"이냐는 소리로 들렸고, 어둠을
즐기는 야행성동물이냐는 소리로 들려 기분이 묘했다

삶의 향기

비바람 견디지 못한 꽃을 어찌 꽃이라 하랴
언 땅에 뿌리 내리지 못한 꽃에 어찌 향기가 있을까

비바람과 얼은 땅에 뿌리를 내린 여인이 있다기에 오십
년을 살붙이고 살았다
꽃의 향기가 끝물에 하늘을 붙잡듯 사람도 삶의 향기가
늙을수록 진동하나 보다

손사래를 쳤다

저, 사람을 아느냐
판사가 물었다
손사래를 쳤다
아내가 물었다
당신 저 여자를 알아요
손사래를 쳤다

사실 몇 번 살을 비빈 여자였지만, 시치미를 뚝 뗐다
가정의 평화를 위해서란 변명을 했다

이렇듯 살면서 손사래를 여러 번 쳤다

그러나 항상 헛기침을 했다
아버지가 늦은 귀가를 할 때 문간을 들어서며 헛기침을
하던 걸 생각해 본다

세상 돌아가는 꼴새를 보며 그들과 야합을 해야 하는 나는
언제나 귀가하면서 헛기침을 하며 손사래를 치는 버릇이
생겼다

제3부

너는 나의 비상약

혼자 생각한다
가을 하늘은 왜 높아 보일까?
홀로 산행을 하는 나는 왜 하늘만큼 초라할까?
하산을 하면 막걸리 한 잔으로 컬컬한 목을 축이며 책장을 정리해야겠
다고 생각한다

나비

하늘, 땅, 나무와 물빛을 혼합하여 빚어낸 나비를 만났다.
나비 날개 속에 하늘이 들어 있고, 땅과 나무와 물빛이 어른거린다
세상에서 가장 따뜻한 여류시인의 시가 들어 있고 쿵쿵거리는 심장 소리가 들어 있다
죽어서 나비가 되고 싶다고 말씀하시던 어머니의 목소리를 떠올리며 텃밭에 날아온 나비를 본다
아무리 적선을 해도 나는, 죽어서 나비로 환생할 수 없다는 생각이 들어 나비를 보며 눈물을 흘린다

비틀거리다

오르가슴에 도달한 여인의 숨소리처럼 땅바닥에서 튀어
오르는 소나기 소리에 취하고 있다
45도의 위스키를 꿀꺽한 느낌이다
흥건하게 젖으면 차라리 개운할 것 같아 빗줄기 속으로 몸을
던진다
온몸이 젖는 쾌감을 느낄 수 있으니 이 또한 행복이 아닐까
싶다

소나기 맞으며 나무와 풀과 더불어 함께 일어설 수 있다는 게
오늘따라 자랑스럽다
젖은 몸을 흔드니 빗물이 물안개처럼 흩어진다

하염없이 슬프다

삽질을 하다

여인의 은밀한 곳처럼 촉촉하다
삽날을 꽂는다
깊숙이 들여밀수록 봄 햇살이 눈 시리다

흙을 뒤집어 놓으면 모락모락 흙의 숨소리가 솟아오른다
오르가슴에 도달한 여인의 입김처럼 화끈거린다

삽날을 들여민다
흙의 속살이 부끄럽다
아무 씨앗이나 뿌려도 봄이 숨소리를 들을 듯하다
눈물이 갑작스럽다

어지럽다
봄 아지랑이처럼 희청거린다
햇살 자락에 피어난 할미꽃이 이웃 과수댁처럼 나를 부른다

어지럽다

흙의 살냄새가 나를 일으켜 세운다

결국 나는 바지춤을 내린 후 비틀거린다

뿌리

살기 위해서란 표현은 너무 잔인하다
뿌리를 내린 곳은 부드러운 흙 한 줌이지만 바위를 뚫고
물줄기가 닿은 곳까지 파고들어 가야만 잎을 틔우고 꽃을
피울 수 있다

돌 틈에 떨어진 씨앗은 바위를 비집고 들어 가야 하고
개울가에 떨어진 버들은 물살을 거슬르며 땅심을
움켜잡아야 한다

살아남는다는 건 잔인한 투쟁이다
징기스칸의 기병처럼 말에서 말을 갈아타야 하고 달려야
하고 죽음으로 땅을 사수해야 한다
산화할 때 비로소 한 송이 꽃이 된다

캄보디아에 가서 건물을 움켜 잡고 역사를 만드는 수천 년
된 나무뿌리를 보았고 도봉산 만장봉 바위틈에 뿌리내린
소나무를 보며 잔인한 투쟁만이 생명을 지킬 수 있음을
눈에 담기도 했다

연약한 역사 위에도 부드러운 한 여자의 가슴에도 뿌리를 못 내리는 나는 얼마나 더 살아야 푸른 잎 하나와 꽃을 피울 수 있을까

소금

어머니의 뼈를 추스르기 위해 염전으로 갔다
파도의 하얀 가루가 함박눈처럼 쌓여 있었다

햇살에 바싹 오그라 든 뼛가루들이 밀차에 실려 염창으로 가고
있다. 바다의 눈물일 수도 있다

음식의 간을 맞추기 위해 숟갈로 국물 염도를 측정하시던
어머니의 혀가 생각났다

어쩌면 바다로 흘러들어간 어머니의 혀 때문에 조금 더 짠맛이
도는 듯하다

귀에 못이 박히도록 "너는 세상 사람들의 소금이 되거라"
말씀하시던 아버님을 떠올렸지만 염전에 와서는 소금은커녕
여름날 소나기도 되지 못했다

너는 나의 비상약

뜬금없이 뜨끔거릴 때, 눈이 깊숙이 내려 길이 세상이 아득해질 때, 절실하게 필요한 비상약처럼 너에게 안기고 싶다

겨울 한가운데 여인의 심장을 데우는 체온이 되고 싶은 날 눈 감고 내리는 눈이 되고 싶다

그녀의 하얀 손목처럼 외로워지고 싶은 날 야반도주하는 연인처럼 눈감고 쌓이는 함박눈이 되고 싶다

한 여인의 사랑도 품지 못하면서 세상을 품으려던 어리석음이여!

가지치기

꽁꽁 언 땅을 두드리며 뿌리를 내리는 나무들이 안쓰럽다.
그나마 남아 있던 나의 겨울 서정도 사금파리로 변했고,
찔레 덤불을 넘나드는 바람과 산새들도 고독이라는
그물망을 벗어나지 못하고 있구나

양지바른 비탈을 지키는 과수나무의 웃자란 가지와 곁가지
순을 쳐준다
사그락사그락 잘려 나가는 톱밥을 보니

웃자란 내 곁가지가 잘려 나가는 느낌이다

흘러가는 것이 어디 시간뿐이랴

흘러가는 것이 어디 시간뿐이랴
물도 흘러가고
바람도 흘러가고
어머니 아버지도 흘러가고
나를 사랑한다던 그 소녀도 흘러가고
이젠
가물가물 흔적도 없다

흘러가는 것을 보며
손수건을 꺼내곤 하였는데
어느 순간 나도 흘러가고 있다는 걸 알았을 때
결코 눈물이 아니었다

혼자 걷는 길-1

물소리 크고 하늘은 푸르고
혼자 걷는 산길에선 물소리와 바람 소리가 크게 들린다
보이는 것보다 귀에 들리는 소리가 더 무겁기 때문이다
오랜만에 범바위에 올랐다
몇백 개의 계단을 오르는 것이 조금 버겁기는 하다
들녘에는 마지막 햇볕을 추수하는 야국과 엉겅퀴가
안쓰럽다
나를 닮았다는 생각을 하니 눈물이 핑 돈다
어차피 홀로 태어나 홀로 가는 삶이지만 홀로 걸으면
물소리와 바람소리가 귀에 걸리적거린다
능선에 오르니 경기도에서 제일 높다는 화악산이 눈에
잡히고 명지산, 연인산, 석룡산이 가까이 보인다
추수를 기다리는 벼이삭이 신경에 쓰인다
살아 있을 시간보다 떠날 시간이 얼마 남지 않았다고
생각하니 시골 버스 정류장 벽에 붙어 있는 막차 시간표를
보는 느낌이다
도착 지점도 모르며 달려가는 시냇물이 아련해 보인다.
시를 쓴다며 웃고 있는 영숙이와 기쁨을 준다며 댓글을

달아주는 선형이 모두모두 아련해 보인다
혼자 생각한다
가을 하늘은 왜 높아 보일까?
홀로 산행을 하는 나는 왜 하늘만큼 초라할까?
하산을 하면 막걸리 한 잔으로 컬컬한 목을 축이며 책장을
정리해야겠다고 생각한다

꽃이 진자리

오늘 꽃이 피었던 자리에서
제 할일을 끝마치고, 사그러진 꽃자리를 보았다.

거기에 새로운 꽃이 피어나 빈자리를 메우고 있었다.
어머니와 아버지가 떠나간 자리에 내가 서 있듯
어제 수명을 다한 아름다운 꽃자리에
방금 피어난 꽃 몇 송이가 있어 쓸쓸함 위에 올려 본다
흘러간다는 건 그래도 슬픈 일이었다

제4부
길을 트다

차라리 먼 바다에 가물거리는 섬이 되고 싶다
사랑이여!
그리움이여!
기다림이여!
미움이여!

가을 오후 2시의 추억

추석 즈음, 오후 2시쯤이면 목이 긴 까마귀 한 마리가
버드나무 위에 울음을 뿌리고 간다

하늘에 뿌려진 목쉰 울음소리는
낯익은 목소리다

옆집 아저씨 목소리 같기도 하고
학창 시절 내 뒷줄 앉았던 길수의 감기 걸린 목소리 같기도 하여

귀를 기울이면 꺾인 울음소리는 죽은 나뭇가지에 걸린
수세미꽃처럼 흔들린다

추석 즈음 오후 2시쯤이면
구겨진 까마귀 울음소리를 듣는다

태엽이 풀린, 아버지 방에 걸렸던 괘종시계 소리 같기도 하여
어쩌면, 아버지도 그 소리를 기억하실 게다

소리는 하늘에서 시작하여 땅 깊은 곳으로 흐르고 있으니

목쉰 까마귀 소리를 들으면
때로는 아버지 생각이 나기에
버드나무 위를 쳐다보지만 까마귀는 밤처럼 어둡기만 하다

구름도 허우적거리는 오후 2시쯤
까마귀 소리를 들으며 외로워지고 싶다

사람이 그리워서가 아니라
사람으로부터 너무 먼 거리에 있다는 것을 알리고 싶어서

오후 2시쯤
어쩔 수 없어
목이 쉰 까마귀처럼
버드나무 위에 나의 외로움을 걸어 놓는다

너는 나의 무엇이기에

초록으로 눈부시더니 여름도 가고 가을도 지나 시련의
겨울이 이울도록 나를 미치게 하는 너는 나의 무엇이냐

불덩어리로 달구었다가 뒷모습을 보이는 너는 구름이냐,
바람이냐

눈물로도 지울 수 없는 아픔을 주고 물처럼 침묵하면서 내
살점에 뿌리를 내려 나는 명치 끝이 아프다

흘려버리자고 마음먹어도 가슴에 대못을 박은 너는
세월이 갈수록 살점을 파고든다
내 깊은 바다에 닻을 내려 나를 묶어 놓았다.
언제쯤 닻을 올릴 거냐

붙잡고 있는 것도 나요, 붙잡힌 것도 나다
촛불처럼 스스로 몸을 태워야 한다면, 도대체 너는 나의
무엇이냐

차라리 먼 바다에 가물거리는 섬이 되고 싶다
사랑이여!
그리움이여!
기다림이여!
미움이여!

길 위에서 길만 보고 걷다

겨울 준비가 바빠 일찍 산책길에 올랐다
고구마도 캐야 하고 꾸지뽕도 따야 하고 화초도 실내로
들여놓아야 한다
갑자기 겨울이 다가오니 분주해진다
열대어도 실내로 불러들여야 한다

소국차를 만들겠다는 약속을 했는데 그조차 녹녹치 않다
실천보다 계획이 앞서는 내 성격 탓이다
글은커녕 낙서 한 줄도 못 쓰면서 원고 청탁이 올 때마다
알았다고 대답을 하곤 한다
오늘은 내자를 따라 방앗간에 고춧가루를 빻으러 갔다
모두 스물두 근이다
딸한테 보내고 김장하기엔 조금 부족하다
나이를 먹다 보니 별걱정을 다한다

시 한 편도 쓰지 못하면서 시를 운운하는 나는 배추 무름병
이 번져 배추밭이 무너지는 걱정까지 하고 있다

너 아직도 거기 있구나

흘릴 눈물도 말라버렸는데 아직도 너는 거기 머물고 있구나
나에게서 육십 년 밖인데도 손수건을 적시게 하는구나
육십 년 전에 손을 흔들었는데 나도 아직도 거기 머물고
있구나

추억은 아플수록 빛나는 것인지
나는 온몸이 축축하구나

세상 떠나면 달도 별도 내 곁에서 멀어질 텐데
아직도 기도하는 마음으로 너를 생각하며 하늘을 우러른다

내 안으로 오너라
창밖에 서성이지 말고, 이제 머리카락도 희끗희끗한데
무엇이 그리 부끄러우냐

그저 그렇게

사랑한다는 말을 건네자 봄이 말했다
'봄은 항상 먼 발치에 있지요'
봄은 해마다 오는 듯하지만 항상 저만치 있습니다
우리들의 사랑처럼 잡힐 듯싶지만 가물거린답니다

가슴에 봄을 품어야 하지만, 그러나 새순이 돋고 새뿌리를 내리는
봄의 인고의 아픔을 알아야 한답니다

그저 그렇게 봄을 맞이해서는 안 되지요
사랑한다는 말이 조심스럽듯 봄을 경건하게 가슴에 담아야
하지요

봄은 모든 생물과 사람과 사람의 사랑에게도 뼈를 깎는 아픔을
가르치지요

그저 그렇게 살아서는 안되듯 봄을 그저 그렇게 어설프게 봄을
품어서는 안되지요

북배산으로 하산

산은 거기 있는데 어리석은 나는 늘 눈썹 위에 산이 걸려
있다고 믿고 있다
오늘도 그림자는 나와 동반 산행한다
구불구불 흘러가는 하천이 하늘 저편으로 아득한데 기침
소리에 놀란 장끼 한 마리가 허공을 깨뜨리며 날아오른다
북배산 쪽으로 하산을 서두르는데 갑자기 하산 주酒 생각이
났다
탁배기 한 잔에 빈대떡 한 장이면 얼씨구나인데…
활짝 피어난 맨드라미가 가을이 오면 부끄러움을 알아야
한다며 말을 건넨다

이야기하자

정상에 올라 발아래를 바라보니 뛰어내리고 싶다
구름이 뭉실뭉실 과수원집 아낙 같아 욕심이 난다
억새가 몸을 흔든다

늘 걷는 길이지만 허둥대며 걷는다
허리 휜 바위산이 안쓰러워 보인다
바위산이 나를 보며 안쓰럽다고 말할지도 모르지만 나는
바위의 말을 전혀 듣지 못한다

나무의 말도 바위의 말도 듣지 못하니 한심하다는 생각이
든다
겨우 떠다니는 구름 몇 송이 보며 젊은 여자의 엉덩이나
연상하는 초라한 노인네일 뿐이다
산에 부는 바람을 산바람이라 하고, 강에 부는 바람을
강바람이라 하는데 가슴에 부는 바람을 무엇이라 불러야
될지 적당한 낱말이 떠오르지 않는다

강을 건너고 마을을 거쳐 달려온 바람이 산 위에 서 있는 내

귀를 흔든다. 귀에 부딪힌 바람이 가슴 언저리에 웅크려
앉는다
이야기하잔다
너, 뭣 하러 여기 왔느냐?
네가 남긴 흔적은 네가 지우고 가야 한다
물론 혼자 묻고 혼자 답을 하고 있다
바위와 나무와 바람의 말을 전혀 듣지 못하기 때문에…
오늘 산행에서는 내가 얼마나 무식한가를 겨우 깨닫고 간다

산행

연인산을 계곡으로 올라 철쭉 능선으로 하산하였다
누구랑 산행을 하느냐보다 무슨 대화를 하며 등산을
하느냐가 더 중요한 것 같다
오늘의 화두는 사람은 몇 살부터 가을로 보느냐였다

나는 제일 부담 없는 칠십부터라 말했고, 아내는 육십부터
를 가을로 본다는 거였다

칠십부터는 초겨울이라는 말을 들으니 파란 하늘에
두둥실 떠가는 구름이 옷섶을 흔든다
하잘것 없던 쑥부쟁이도 소담스런 꽃을 피우고 구절초 몇
잎이 여울물로 쓰러지고 있었다

카톡이 왔다
잡지사에서 원고 독촉을 알리는 문구다
원고 한 편 쓴다고 세상이 변하는 것도 아니고 흘러간
시간이 되돌아오는 것도 아니기에 다음 호에나 원고
보내겠다고 전갈을 보냈다

추석이 내일 모레인데 성질 급한 나무는 벌써 단풍이 들고
계곡물은 어느 새 속살을 보여주고 있다
3km 산행을 마친 후 나무 그루터기에 앉아 사과 한 쪽을
입에 넣는다

나는 아직 초가을이라 우기고 싶은데 내 속내도 모르며
아내는 당신은 초겨울이라고 우긴다

연인산에 들다

단풍이 주차장까지 내려왔다
급작스러운 한파에 놀란 나뭇잎들이 풍경화 같다
물 한 병 사과와 포도 한 송이를 넣고 산을 오른다

발걸음이 무겁다
추위 탓으로 설잠을 잔 탓인 듯싶다

일찍 떨어진 낙엽들이 굴러다니고 솔개 한 마리 고공을 날고 있다
갑자기 하늘이 높아진 것이 슬퍼 보인다
흰 구름이 고개를 넘어가고 산새들이 덤불 속으로 숨어드는 것이
서늘해 보인다

매일매일 만나는 나무와 숲이 눈앞을 막아선다
가을이 오는 듯 떠나는 것 같다
갈대 휘날리고
바람들이 우루루 산으로 몰려가고 억새들이 머리를 흔든다
올해는 마음보다 산 위의 나무들이 단풍이 먼저 드는 것 같다

떠나는 사람보다 떠나보내는 사람이 더 슬퍼하듯 계절이
바뀜이 더 슬퍼보인다
서리 한 번 내리더니 녹색이 사라지고 세상이 멍멍해졌다
소국과 구절초는 제 자리를 지키고 조각보처럼 구겨진
햇살이 풀섶에 잔잔하다

누우면 죽고 걸으면 산다는 말을 되새기며 만보기를 본다
겨우 칠천 보 될 즈음 장딴지에 무리를 느낀다
가을이 깊어가나 보다
길은 비어 있어도
하늘이 맑아 능선에 오르니 화악산 정상과 명지산, 수덕산
정상이 한눈에 잡힌다

들판에는 양파모종을 하는 농부들과 들깨를 터는 농부들
손이 분주하다
나 역시 하산하면 마늘밭에 퇴비를 뿌리고 멀칭을 쳐야 할
것 같다

팔봉산을 오르며

나이 드니 게으름이 몸을 지배한다
자주 다니던 길도 낯설어 보이고 넓어 보인다
불면증 탓이라는 핑계를 대보지만, 실은 나이 탓이 아니라 정신이
먼저 늙은 탓인 것 같다
젊음을 과시하며 산행길에서 나를 걸리적거린다고 말하는
청춘들아 너희가 내 나이 되면 그땐 무슨 말 할꼬

너희는 늙어보지 못했으니 늙음의 단맛을 모를 게다
너희도 조금 있으면 숨이 턱에 찰 나이가 될 게다
홍천 팔봉산을 넘다 사투리, '빡세다'라는 말을 중얼거린다
해발 327.4미터의 산이지만 1봉에서 8봉까지는 매우 험난한
산행코스다
1봉과 2봉은 완전 암벽 코스다
4봉은 장수굴 일명 해산굴은 혼자 통과하기 어려워 서로
도와주어야 통과할 수 있는 코스다
서리가 많이 내려 미끄러웠고 바윗길이라 살얼음판을 걷는
느낌이다

어제 김장하며 미각이 떨어져 간맞추는 문제로 언성을 높인 것이 미안해 바람을 쐬자고 나선 산행길인데 너무 난코스를 택한 것이 후회되었다
안사람과 나 그리고 이웃 이사장 셋이 올랐으나 산행하는 젊은이들이 꽤 많았다
나이 들고 나니 김장 배추 22포기 담그기와 320미터급 산행도 빡셌다

산에 오르니 길이 보였다

선들선들 바람이 흘러간다
산에 오르니 길이 보였다
달려가는 자동차가 장난감처럼 보이고 딸딸거리며 가는
경운기가 그림처럼 보이고 가을을 따는 아낙네의 손이
보인다
알밤 떨어지는 소리는 가을을 알리고 억새잎에 부서지는
바람이 보인다
어느 만큼 외로워져야 높은 하늘을 만질 수 있는지 손을
뻗어 보지만, 투명 유리창을 만지는 촉감이다

도로를 걷는 사람들이 휘청거리고, 허공에 선을 긋고 있는
물새들의 날개가 환하다
산에 오르니 배낭에 채워갈 것이 허무라는 걸 느낀다
길이 보이고 허무라는 낱말이 보이고 가을을 따 담는
아낙네의 손이 보였다
비로소 나는 망망대해에 떠 있는 작은 섬이라는 걸
체험한다

겨울길 걷기

검객의 칼 부딪침 같은 추위다
추위 때문에 밖에 나가기 싫어 밍그적대다가 내가 나에게 지는 것
같아 운동화 끈을 고쳐 맨다
개울 옆에서 골바람이 기다리고 있었던 것처럼 옷깃을 파고든다
마을을 지날 때 개들은 얼어버린 울음을 토해내고 교회 첨탑이
바람에 흔들린다
영하 20도

영하 20도를 알리는 수은주를 보며 서둘러 아침을 먹은 후
가평천변 둘레길로 향했다
천변 가로수에 새들도 보고, 우정을 베푸는 사람의 체온도 보고
꽁꽁 얼어가는 여울물도 보며, 외로움을 휘파람 소리로 달래는
버드나무도 보며 걸음을 재촉했다

가평천은 명지천과 화악천이 합류하여 북한강으로 흘러가는
물줄기다

겨울 산책길은 외롭기 때문에 발자국 소리가 맑다. 오늘도
12,000개의 발자국을 겨울길 위에 찍었다

혼자 걷는 길-2

둘이나 셋이 걷던 길을 혼자 걸으니 멀고도 길다
특히 가을길은 더욱 스산하다

가을에 이승을
작별하는 친구를 배웅하며 눈물을 삼키며 귀가했다
코스모스도 지고 백일홍도 지고 낙산홍과 아그배나무
열매가 외로움을 위로해주지만 그래도 혼자 걷는 길 위의
발자국은 무겁다

가을이 올 때마다 정리를 한다
옷장도 정리하고 책장도 정리한다. 그러나 버려야 할 것이
아직도 많다

벽에는 때 묻은 액자들이 걸려 있고 달력과 시계가 걸려
있어 나를 초조하게 만든다
집사람도 외출한 터이라 혼자 걷는다. 들깨 추수와
고구마를 캐는 아저씨와 아줌씨와 인사를 나누지만
싱겁기는 매한가지다

시골 마을 둘레길에는 모두 낯선 발자국만 소복할 뿐이다
물소리 크고 하늘은 푸르른데

혼자 걷는 산길에선 물소리와 바람소리가 더 크게 들린다
보이는 것보다 귀에 들리는 소리가 더 무겁기 때문이다

오랜만에 범바위에 올랐다
몇 백 개의 계단을 오르는 것이 조금 버겁기는 하다
들녘에는 마지막 햇볕을 추수하는 야국과 엉겅퀴가
안쓰럽다
나를 닮았다는 생각을 하니 눈물이 핑 돈다

어차피 홀로 태어나 홀로 가는 삶이지만 홀로 걸으면
물소리와 바람소리가 귀에 걸리적거린다
능선에 오르니 경기도에서 제일 높다는 화악산이 눈에
잡히고 명지산, 연인산, 석룡산이 가까이 보인다

추수를 기다리는 벼이삭이 신경에 쓰인다

살아 있을 시간보다 떠날 시간이 얼마 남지 않았다고
생각하니 시골 버스 정류장 벽에 붙어 있는 막차 시간표를
보는 느낌이다
도착 지점도 모르며 달려가는 시냇물이 아련해 보인다
시를 쏜다며 웃고 있는 영숙이와 기쁨을 준다며 댓글을
달아주는 선형이 모두모두 아련해 보인다

혼자 생각한다
가을 하늘은 왜 높아 보일까?
홀로 산행하는 나는 왜 하늘만큼 초라할까?

길을 트다

사람을 만나지 않는 요즈음은 작품은 못 쓰고 잡문만 끄적거린다
눈 속에 갇혔다
농막이 해발 300미터 고지대라 길을 내야만 외부로 나갈 수 있다

넉가래로 열심히 밀어내며 쇠똥구리를 떠올렸다
눈 내린 오늘, 오전은 쇠똥구리가 되어 눈을 굴려냈다

길이 뚫리자 둘레길로 나섰다
사과밭도 한철 푸르름을 자랑하던 배추밭도 눈 속에 고여하다.
흙의 정적을 느끼며 발길을 재촉했다

안사람이 코로나 추가 접종 후유증으로 몸져눕는 바람에 둘이
걷던 길을 혼자 걷는다
그 덕으로 갈대숲의 숨소리와 흙의 정적 소리를 듣게 되었다

겨울 강가 위에 낙서 한 꼭지를 쓰다

물이 흐르는 방향으로 걸었다
여울물과 강물이 바다에 도달하기를 서두르듯 나는 겨울
외로움에 취해보기를 서둘렀다
갈색 숲은 귀를 열고 발밑의 울렁거리는 소리를 듣고, 뿌리를
흔들며 지나가는 물소리는 입술과 입술이 만나는 소리 같다

머리 위로 우루루 우루루 바람이 무너지고 하늘에는 구름
이 자리돔떼처럼 몰려다니며, 겨울은 스산한 계절이라는 걸
귀띔해 주고 있다
젊어서나 나이 들어서나 변하지 않는 감각은 비슷하다
겨울이 오면 머리가 맑아지는 동시에 감정은 냉랭해진다

땅 밑으로 가라앉는 느낌이다
쌀쌀맞은 오십대 여자의 손목을 잡는 느낌이다
외로워야 사물이 제대로 보이고 일상이 제 위치에 선다기에
오늘도 겨울 강가를 걷는다
발바닥을 타고 올라온 외로움이 귓불을 건드린다

겨울이 오면 항상 나이 든 여류시인의 시귀절처럼 목이
컬컬해진다
천 길 땅 밑으로 흐르는 물소리와 땅속을 흐르는 냉기로
가슴을 채우고 나면 건조한 가슴에선 꽃이 피기 시작한다

제5부

겨울 낙서

기발한 시로 독자의 가슴을 두드리는 명옥 여류시인의 작품집을 펼쳐
볼 참이다
거기서 따스한 햇살 한 조각을 찾아 보리밭에 올려놓고 봄을 예언하
리라

겨울 강물은 조용하다

흐름이 완만한 강물은 눈을 감기 시작했고 미류나무와
버드나무는 칼칼한 겨울 추위를 음미하고 있다
산책 나온 사람들도 가끔 눈에 띄었다. 종종걸음을 치거나 옆
사람 팔짱을 세차게 움켜잡고 체온을 나눈다
추위를 실감한다

닭장에 달걀을 꺼내러 갔더니 둥지가 아닌 외부에 낳은 달걀
일부는 얼어 터져 있었다
이토록 추운 날에도 야생 오리들은 얼음이 둥둥 떠다니는
물속에서 아무렇지도 않다는 듯 유영을 하고 있다

밤보다 낮이 길어지기 시작한다는 동지가 지난 지도 며칠
된다. 생강나무 가지 끝이 꿈틀거리기 시작하는 듯 보였다

얼어버린 발자국과 그림자도 서서히 봄기운이 돌 것만 같다

겨울 낙서-11
― 그림자도 얼어 버린 날

영하 20도에 근접하는 날씨다. 가평은 서울보다는 항상 5도 이상 차이가 난다. 게다가 나의 농막은 산 중턱인지라 추위가 유별나다

오전 10시에 완전무장을 하고 산책길에 올랐다
오늘은 가평 5일장이 서는 날이라 남이섬 부근을 산책한 후 장터에서 순댓국이나 잔치국수로 점심을 해결할 참으로 가평읍 부근을 산책하기로 했다
어제의 추위를 발자국도 얼어붙는다고 표현했는데 오늘은 나를 따라붙는 그림자까지 얼어버린다는 표현이 적절한 것만 같다

코로나가 유행하는 시기에는 걷는 것만이 살아남는 방법인 것 같아 일상의 한 부분을 산책 또는 등산하는 시간으로 채우고 있다

겨울 낙서-12
― 물이 갇히다

낙산홍이 유난히 붉어지는 아침 무렵 내자와 함께 산책을 시작했다

국도에는 전에 내린 눈을 녹이기 위해 뿌렸던 염화칼슘 자국으로 아스팔트가 허옇게 변색되어 있었고 좁은 둘레길은 얼어서 버석거렸다

좁은 골짜기를 빠져나온 물은 하류에서 소(沼)를 이루더니 얼음에 갇히고 말았다. 하얀 비늘이 눈부시던 피라미도 얼음에 갇혔다

얼음장 속에는 물소리까지 갇혀 정적이 높은 성城처럼 단단하고 엄숙해 보였다

푸르름을 삼키고 온 여울물은 얼음장 속에서 푸른 꿈을 꾸고 있는 것 같았다
영하 20도를 실감한다

장갑을 꼈지만, 손가락이 시렸고 옷 틈새로 파고드는 냉기는 온몸을 짜릿짜릿하게 했다. 그래도 길옆의 즐길감이 있어 추위를 달랠 수 있었다

폐교를 지나 너와집을 지나 천변을 벗어난 후 마을길로 접어드니 다리가 뻐근했다. 노변 마을버스 정류장에서 따뜻한 물로 컬컬한 목을 달랬다

움츠러드는 몸을 단련시키기 위해 걷는 거리를 조금 늘렸더니 내자가 다리가 땅긴다고 한다

9,000보를 채우고 나니 허파에 살얼음이 어는 것만 같아 귀가를 서둘렀다

길로 나섰다

얼어붙은 아스팔트 길이 미끄럽다
갑자기 호주 사막 도시에서 아껴 먹고 싶은 마음에 혀로 핥아먹던
아이스크림 생각이 난다
조심스럽게 발을 내디디며 걷는다. 미처 얼지 않은 강물의
중심부에서 유영하는 오리를 본다
저들은 춥지 않을까?
저들은 혹한 속에서 무슨 대화를 나누고 있을까?
시덥지 않은 생각을 하며 작고 큰 나무와 숲을 지나친 후
갈대밭으로 들어서며 엷은 햇살을 온몸으로 받는다
매일 같은 길을 걸어도 햇살의 두께와 풍향에 따라 새롭게 보인다.
친숙해진 나무들은 목례를 하고 거만스럽게 서걱대던 풀잎들도
색다른 느낌이 들기도 한다
휘적휘적 걸으나 뚜벅뚜벅 걸으나 걸음수가 똑같듯, 작가를 보고
작품을 읽으나 작품을 보며 작가를 읽는 것과 똑같다

그렇다
겸손한 자세로 글을 쓰고 읽어야 되겠다
매일 그물을 던지지만 빈손으로 귀가할 때가 많듯 요리사처럼

문자를 조리하지만 입에 달라붙는 맛을 낼 수가 없다
맵거나 짜거나 어떤 때는 맹탕일 때가 있다
조미료를 넣어도 그 맛이 그 맛이다

오늘은 지인의 작품집을 펼칠 셈이다. 어떤 글은 숙성이 안 되어
좋고 어떤 글은 곰삭아 울컥거리는 글이 있어 글 읽는 묘미가
생긴다
나무와 풀은 봄이면 초록으로 새로워지는데 사람들은 나이
들수록 기침 소리만 커진다
과수원을 지나 사납게 짖어대는 개들의 외침을 뒤로하며 오늘의
화두를 생각한다. 만보기를 보니 어느새 8,000보다

중앙재해본부에서 또 문자가 날아든다
"혹한이 몰려오니 어린이나 노약자는 외출을 삼가 주세요" 그러나
나는 이미 외출해 버렸다
집에서도 외출을 했고 나는 나에게서도 외출을 한 상태다

따뜻한 차 한 잔 건네줄 친구가 그립다

겨울 낙서-17
— 물이 갇히다

모든 걸 내주고도 마음 넉넉한 겨울나무 같은 사람은 없을까
비탈이나 음지에서 발이 묶여 있어도 미소를 잃지 않는 나무를
보면 그런 사람이 그립습니다
나이 들어서도 동안童顔의 미소를 나눠주고 내일이 있으니
주저앉지 말고 일어나라고 위로를 건네 줄 사람 만날 수 있을까
입술이 불그레하고 손발 따뜻하고 가슴 속에 작은 화산을 품고
사는 사람 어디 가면 만날 수 있을까

실연의 아픔으로 세상이 어둡다고 생명을 반납하는 사람에게
불빛이 되어 줄 사람 만나고 싶습니다
겨울나무는 빈 몸으로 혹한의 어둠 속에 있어도 외롭지 않습니다
천 길 땅속으로 흐르는 물소리를 듣고 있기 때문입니다
겨울나무 같은 사람 어디 없을까
그런 사람 만나고 싶다
그런 사람 있다면 달려가고 싶다

가평엘 가면 연인산이 보인다

북한강을 허리에 끼고 대성리를 지나면
가을 벌판에 피어오르는 연기처럼
낮은 목소리로 살아가는
사람의 마을, 가평이다

굽은 소나무
외롭게 북면을 지키는 노루목을 지나면
눈썹에 걸리는 연인산

고작, 1,068미터의 산이라 해도
민초의 못 이룬 사랑 이야기가 있어
가슴 허전한 사람도 모두 보듬어주는
연인산은 우뚝하다

샛노란 복수초로 봄을 알리고
고양지꽃, 금낭화와 엘리지 피면 봄은 여물고
산목련 향기에 넋을 잃기도 하지만
동자꽃, 칼잎

융단 필 때쯤
산호랑나비, 사향제비나비, 물결나비
춤 솜씨 눈이 어지럽다

투구꽃 피고
오색딱따구리, 때까치, 원앙새 숲에 들고
녹색군단이 야전군처럼 포복을 시작하면
연인산은 시나브로 한 편의 서정시

누가, 사는 것이 시들하다고 했던가
누가, 사랑을 고행이라 했던가
고광나무, 찰피나무, 말발도리, 귀룽나무, 참갈매나무
때로는 신나무, 잎을 보면서 마음을 다스리면
사람에 지친 사람은 소태나무잎을 씹어보면서
팔 벌리고 하늘로 솟는 층층나무를 바라보아라

가슴을 열면 답을 얻어내리라
연인산이 거기 있다

동사리, 종개, 쉬리가 물보라보다 싱싱하고
밤이 깊어 떡갈나무 숲에 들면
수리부엉이, 올빼미 소리에 귀를 내주면
둔탁하던 심장은 계곡물이 되리라

하늘마저 찌르는 잣나무
쪽동백 가지에 매달린 햇살을 보노라면
사람과 사람의 관계도

 흐르는 한 줄기 바람이어라
산을 하니 허기가 진다
텁텁한 막걸리 생각이 났지만 금주하라는 의사의 진단이
있었기에 약수 한 잔으로 허기를 달랬다

겨울 낙서-19
― 벽난로

보일러 온도를 낮추고 잔 아침의 거실 공기는 무거웠다
장작을 한아름 가져다 불을 지폈다
하루 한 번은 벽난로 덕을 톡톡히 보고 있다
저녁에는 불꽃 빛깔이 고운 벚나무 장작이나 단풍나무
장작불을 지피고 아침에는 참나무 장작불을 지피곤 한다

집을 일곱 채 지었는데 설계 당시 꼭 천장에 유리창을 내는
것과 벽난로 놓는 것을 잊지 않았다
단독주택이나 오지에 살다 보면 난로 필요성을 느끼게 된다
나무 타는 연기는 추억의 불씨가 되기도 한다. 불꽃을 보면
글을 쓰고 싶은 충동을 느끼기도 한다

어제는 토막잠을 잤기에 오늘은 나지막한 구릉이나 걸을
참으로 집을 나섰다
일기예보로는 추운 날씨라 했는데 막상 산으로 접어드니
포근하였다. 동네 둘레길은 천변川邊이라 골바람이 불어
손발과 귀가 아리지만, 산은 오히려 포근한 느낌을 준다

능선에 올라 보온병에 담아온 따뜻한 차를 마시니 겨울을
잊을 수 있었다
손가락과 발가락 끝까지 온기가 돌았다

오늘은 난로를 소재로 글을 써 볼 참이다. 난로와 같은
존재가 되어야 하고 내 글이, 한겨울 타인의 난로가 되었으면
하는 바램에서 그런 소재를 떠올린 것이다

예전에는 볼펜과 종이가 필요했지만 이젠 핸드폰 하나만
있으면 가고자 하는 길 안내도 받고 전화도 걸고 글도 쓸 수
있으니 얼마나 고마운 일인가
한발 두발 살을 오르면서 문장을 만들어 나갔다

타인에게 온기를 주기 위해서는 난로보다 장작이 되어야
한다는 결론을 내리며 하산을 한다

겨울 낙서-20
― 길에 대한 단상

길이란 단어를 떠올리면 길 위에 서기도 전에 머릿속에는 기차의 경적소리 들리고 뱃고동 소리 들린다
아스팔트 길도 좋고 뽀얀 먼지가 일어나는 시골길도 좋다.
물길도 좋아 가끔 선박을 이용하기도 한다

나에게 각인된 길의 이미지는 권태의 탈출과 외로움의 방출이다
외로움을 느낄 때 여행을 떠나는 편이다
길 위에 서면 낯선 풍경과 낯선 사람들과의 만남이 내 외로움을 빨아들인다
동반자가 없어도 마음이 홀가분하다

잠이 줄어든 요즈음은 어둠이 가시기도 전에 하루 계획을 시간표 위에 올려놓고 있다. 일정표를 만드는 일이 내복을 갈아입듯 일상의 하나가 되어버렸다. 희끄무레하게 어둠을 털고 일어나는 나무들과 계곡으로 곤두박질치는 바람과 산발치에서 들려오는 자동차 경적소리를 들으면 "아! 나는 오늘도 살아있구나"라는 한 마디를 내뱉게 된다.

아침을 먹으면 내 일기장에 감추어 두었던 하루 일정표를
펼치게 된다. 나이 들수록 사는 게 단순해진다
누구를 애틋하게 기다릴 일도 없고 과거의 시간 속에 갇혀
고민할 일도 없어진다. 하루하루를 아침 이슬처럼 반짝이거나
투명하면 족할 뿐이다

내자와 함께 아침 산책길에 올랐다
산책 코스를 정하려는데 이견이 생겼다
내자는 같은 길을 반복해 걷는 것이 편하고 좋다 하고, 나는
걸었던 길보다 새로운 길을 걷자는 의견이 팽팽했다

내자가 한 말 거든다
"동양의 별인 인도 간다는 평생 같은 길을 산책하였는데…" 그
말에 부화가 난 나는 한마디 톡 쏘았다
"인도 간다는 간디고, 나는 나라고…"

　결국 잣나무 숲이 우거진 수덕산을 걷자는 내자의 의견에
따라 하루를 열었다

내가 걸어온 길을 되돌아보면 구불구불하고 먼지가
자욱하다. 똑바로 걷는다는 각오로 걸었지만 대부분
휘청거리며 삐뚤삐뚤 걸었다
수덕산 숲길은 대낮에도 어둑어둑하다
그늘이 햇빛을 거부하기 때문이다

언제나 산에 올라 걸어온 길을 바라보면 아련하다
길은 나뭇가지에 걸려 펄럭이거나 안개에 묻혀 가물거리기
일쑤다
그래도 먼지 나고 돌뿌리 사나운 길이 그리울 때가 종종
있다
손때와 발때와 마음때가 묻어 있기 때문일 게다

여느 산과 마찬가지로 수덕산도 두 얼굴을 가지고 있다.
남쪽은 뽀송뽀송한 반면 북쪽은 겨울이 다가도록 눈이
덮혀 있다
다행히 남쪽을 걷기 때문에 아이젠 안 차고 스틱 하나로
갈 수 있어 좋다

산이 발딱 서있어 힘이 든다. 오르기도 힘들지만 하산도
힘들다.

내려올 때는 체중이 발가락에 쏠려 조금 낙낙한 등산화를
신어야 되었다
잣나무 숲을 지나면 갈참나무 군립지가 나오고 정상
부근에 이르면 소나무 우거진 숲이 펼쳐진다

구름떼들이 몰려다니는 풍경이 펼쳐졌다
구름이 남에서 북으로 이동하는 것으로 보아 남풍이 부는
것을 알 수 있었다. 정상 부근에 이르러서도 길이 보이질
않는다. 나무들이 길을 삼켰기 때문이다

오늘은 종일 길에 대해서 고민할 생각이다. 걸어온 길은
어쩔 수 없지만 걸어갈 길은 내 뜻대로 내다보아야
되겠기에 비탈길을 내려왔다
가파른 비탈에 서서도 수직을 유지하며 균형을 잡고 있는
나무들이 대견스러웠다

겨울 낙서-21
― 흐르는 물과 고인 물

1월에는 개울물도 꽝꽝 얼어버린다. 그래도 흐름이 빠른 물은 얼지 않고 흐름을 멈추지 않고 있다.
두뇌도 계속 쓰면 노쇠현상을 늦출 수 있지만 게을리하면 퇴화하여 알츠하이머병이나 치매에 걸릴 확률이 높다
육체에도 예외가 아니다
운동을 게을리하면 근육이 빨리 빠져나가 노화현상이 빨리 일어나게 마련이다

나도 고희를 넘자 다리에 힘이 빠지고 중심 잡기가 어려워 고민을 했다. 그러던 중 내가 택한 것이 걷기운동이었다
하루도 안 쉬고 1년을 계속하고 나니 하체 근육도 탱글탱글해지고 몸의 균형잡는 능력도 40대가 못지않게 되었다
그런 현상을 느낀 후 글 힘도 키울 욕심으로 잡문일 망정 매일 쓰게 되었다. 1년을 하다 보니 필력에 조금 힘이 붙었다

나는 산의 3부 능선쯤에 기거하기에 현관을 나가 시선을 아래로 두면 명지천 물길이 보이고 조금 걸어 나가면 화악천 물길이 손에 잡힌다. 명지천과 화악천 두 물기가 합수하여 북한강으로

흘러가고 북한강은 남한강과 양수리(합수머리)에서 합해져
한국의 중심부를 지나치는 한강을 이룬다
모두 바다로 흘러가는 물이다. 그러나 흐름이 완만해지면 소리를
죽이고 한겨울이면 얼어버린다

'누사걸죽'이란 말을 떠올려 본다. 흐름이 느리거나 멈춰버린 물은
죽은 물이다. 즉 누우면 죽고 걸으면 사는 것과 같은 현황이기에
웃어 본다
오늘도 흐르는 물이 되기 위해 햇살이 퍼질 무렵인 열시 반쯤
산으로 향했다

버릇처럼 배낭을 짊어져야 편안하다. 배낭 속 내용물은 언제나
비슷하다. 오늘은 사과 대신 감 하나, 곶감 하나, 보온통에 따끈한
둥굴레차 한 병, 비스켓 한 봉다리가 전부다. 소지품은 초라해도
언제나 즐겁다

힘차게 걸을 수 있다는 게 행복하고 동반자(내자)가 있으니
행복하다

코로나19 때문에 집콕을 하면서도 지루한 두 시간은
가볍게 죽일 수 있으니 얼마나 다행인가
산행 후에는 산행 후기도 쓰고 찍어온 사진 편집을 하며
하루를 보낼 수 있으니 행복하다는 표현이 적합한 것
아니겠는가

오늘은 범바위 능선을 걷기로 했다
범바위를 오르는 1,000여 개의 계단엔 내 족적이 수없이
찍혀 있고 등산로 나뭇가지에는 내 숨소리가 펄럭이지
않은 곳이 없다
나무 수종이 단순하여 이름을 거의 다 불러줄 수 있고
쉽게 친숙해질 수 있었다.
산마루를 돌아 마을길로 접어들면 동네 개들도 낯이
익어 꼬리를 흔들어 준다
하루의 시작은 고인 물이 아니라 흐르는 물이 되기 위해
산행을 멈추지 않으며 작은 행복을 맛볼 수 있다

주머니는 가벼워도 가슴에 행복이 가득하니 그런 대로

살맛이 난다
나는 흐르는 물이다

겨울 낙서-22
— 집(주택)

마스크를 쓰고 안경을 쓰니 안경에 습기가 차고 눈썹에
하얗게 서리가 낀다. 그런 연유로 조금 갑갑하긴 해도
마스크 쓸 때는 안경을 벗는다
등산도 하기 전에 숨이 가빠온다. 석룡산 조무락골의
초입은 경사가 완만하고 계곡물이 많아 물소리가 경쾌한
곳이다

가을이면 바위와 물과 단풍이 어우러져 금강산이라
불러도 손색이 없는 산이다. 작은 폭포도 있어 운치가 있는
산이다
집에서 20여 km를 강원도 화천군과 경기도 가평을 가르는
도계 쪽으로 이동해야 하는 관계로 아주 가끔 가다 오르는
산이다

몇 년 전에는 초가을 날 버섯을 따라갔다가 길을 잃고
헤매던 산이다. 높이 고작 1,200미터급 산이지만 만만치
않은 돌산이다
오늘은 석룡산 제3코스인 용호동 폭포를 가기로 했다.

음지에는 전번에 온 눈이 아직도 시퍼렇다. 개울물은 얼어
있고 돌길은 미끄러웠다

요즘 들어 의문이 생겼다
승용차는 한 번 더 바꿔 탈 수 있을까. 내 마음에 드는
집은 한 채 더 지을 수 있을까라는 의구심을 품게 되었다

겨울 낙서-26
— 경계선

바다와 하늘에는 수평선이 있고, 땅과 땅 사이에는 지평선이 있다
나라와 나라 사이엔 국경이 있고 사람과 사람 사이에는 족보가 있어 너와 내가 개별적으로 존재한다

오늘은 안개 자욱한 뚝방길을 걷는다
시냇물과 땅을 구별하는 뚝방길에 안개 자욱하여 경계가 무너진다
편안해진다
경계가 무너지거나 경계가 희미하거나 없어지면 너도 편안해지고 나도 편안해진다
바다에는 바람으로 인해 파도가 일고 파도가 심해지면 경계가 흔들리고 무서워진다
육지에는 바람이 경계를 흔들고 사람과 사람 사이에는 미움과 증오란 놈이 사랑과 믿음의 경계를 깨버린다

오늘은 편안한 마음으로 마을과 냇물을 경계 지어주는 뚝방길을 걷는다. 과수원이 가지런하다

울타리가 네 땅과 내 땅을 구분하고 있다
요즘 코로나19로 모두 거리 두기를 한다
경계선이 2m 밖이다
2m를 띄어서 경계선을 쳐야 하고 입과 입을 마스크로
경계해야 한다

매일 걷는 길에 매일 눈을 마주치지만, 동네 개들이 짖기도
한다
곁에서 떨어지라는 경고음이다
개들도 경계선을 긋고 있다

뚝방길을 걷는다
겨울의 한가운데라 황갈색으로 변한 달맞이꽃과 패랭이
꽃대가 생명을 반납하고 삐죽하다
아마, 오늘도 생명을 반납하고 화장장 굴뚝을 빠져나가는
생명도 있을 게다. 경계가 무너질 때 기쁠 수도 있지만 슬플
수도 있음을 알았다

경계라는 소재를 떠올리며 발을 옮기니 어느새 화악산 기슭
화악로를 돌아 둥지길을 걷고 있다
손일로를 지나면 내 움막이 놓여 있는 가화로로 접어들 것이다
가화로는 경기도 가평에서 강원도 화천을 연결하는 도로다
길이 있어 단절된 여기와 거기를 연결해주고 있다

산책이 끝날 무렵 손전화를 꺼내 친구에게 연락을 했다
나는 너를 잊지 않고 있고 나는 너를 사랑한다는 다리를 놓고
있는 중이다
전화로 두껍게 쳐져 있는 경계를 무너뜨리고 있다

겨울 산행-27
― 푸른 공기

사흘 만에 서울에서 가평 움막으로 돌아왔다

심호흡을 해본다
소나무와 잣나무 잎에서 푸른 공기가 기폭제처럼 쏟아진다
봉투에 담아 서울 친구에게 택배로 보내고 싶다
파란 산소 알갱이들이 살아서 꿈틀거린다
한 알 한 알 떼어서 입에 넣으면 혓바닥 위로 경쾌하게 굴러간다
김은희라는 여류 아동문학가의 웃음소리 같다

지금은 낡은 함석지붕처럼 군데군데 녹이 슬어 있지만 젊었을 때는 빗방울을 탱탱하게 받아내던 양철지붕, 갑자기 내 친구 영숙이가 생각난다
오늘 산책길에는 황갈색 나체를 자랑하는 논밭과 수명을 다해 너덜너덜 찢어져 바람에 흩날리는 비닐하우스도 정겨워 보일 것 같다

기발한 시로 독자의 가슴을 두드리는 명옥 여류시인의 작품집을 펼쳐 볼 참이다. 거기서 따스한 햇살 한 조각을 찾아 보리밭에

올려놓고 봄을 예언하리라

허우적허우적 걷다 보면 발길에 돌부리 걸린 듯 흘려버렸던
이야기와 놓쳐서는 안 될 어머니의 말씀 조각들이 가슴에 걸린다
겨울 하늘에서 울컥울컥한다

추위가 내 숨소리를 얼음으로 싸맨다
마스크를 빠져나온 숨결이 마스크 표면과 눈썹을 하얗게 서리로
맺힌다
내 뱉는 숨소리는 하얀빛인 것 같다

나는 속이 흰 사람인가 보다
명지천과 화악천이 만나는 합수머리에 왔다
꽝꽝 얼어버린 물 위어 눈이 내려 설원 같다
물속을 들여다보고 싶다
무엇이 숨쉬고 있을까?

여자의 핸드백 속이 궁금하듯 호기심이 발동한다

호기심으로 끝나야지 앞으로 더 나가면 실망이 크다는 걸 일기에
바라만 보다가 발길을 재촉했다

마을길로 들어서니 유모차를 밀며 세 명의 할머니들이 산보를
하고 있다. 이야기를 나누는 입에서 하얀 수증기들이 뽀얗다

자두밭과 사과밭을 지난다
부지런한 농부들이 추위 속에서 가지치기를 하고 있다
웃자란 가지와 곁가지를 잘라낸다
나도 산책이 끝나면 가슴에 웃자란 가지와 곁가지를 쳐낼 생각이다

알몸은 보이지 않고 곁가지만 무성한 나의 상념들……

겨울 산행-29
— 오후의 겨울 산길

감자를 국수가락처럼 채로 썰어 기름 붓고 프라이팬에 노릇노릇 튀기고, 시금치를 삶아 갖은양념을 한 후 깨소금을 뿌린 후 식탁에 올린다
김치냉장고에서 갓 꺼낸 김치의 불그레한 빛깔이 복사꽃 같다

삼겹살을 곁들여 맛있게 점심을 먹었다
추위 때문에 일정을 조금 늦췄다

해가 중천을 넘었을 때 근교 야산을 오를까 한다
어제부터 고전이 된 『이방인』을 펼쳤다

세 번째 읽는 것 같다
처음 책을 펼치면 난감해진다
엄마가 죽었다. 아니, 언제 죽었는지. 모르겠다. 양로원으로부터 전보를 한 통 받았다. '모친 사망, 명일 장례식.' 그것만으로는 아무런 뜻이 없다. 어쩌면 어제였는지도 모르겠다

알베르 카뮈의 대표작 〈이방인〉은 첫 시작부터 강렬하다. 어쩌면

이 문장이 〈이방인〉에서 말하고자 하는 전말인지도 모르겠다.

엄마의 죽음이 의미가 없다는 것은 매우 충격적이다. 동서양을 막론하고 부모와 자식은 사회적 관계를 넘어 혈연으로 얽힌 긴밀한 사이이다. 그런데 엄마의 죽음이 의미 없다는 것은 사회적 기준과 도덕적 기준에 맞지 않는다
그럼에도 카뮈는 이 문장을 통해 사회가 정한 규범, 도덕, 법, 죽음에 대한 현 시대상을 말하고 있는 것이다
오늘 내가 사는 시대의 혼란상을 예언한 것 같다
주위의 혼란상을 많이 접하게 된다. 그럴 때마다 카뮈의 이방인이 됨을 느끼게 된다

나는 이방인이다

제6부

겨울 산행

나이 들면 그리움은 내려 놓아야지, 왜 데리고 사냐고… 그렇다. 내려 놓으면 가벼워질 걸 그렇지 못하니 필부가 아니겠는가. 젊었을 때는 땡땡거리는 그리움을 느끼며 살고, 나이들면 가슴속에 스며드는 그리움을 데리고 사는 게 보통사람들이 아니겠는가

눈이 발목을 잡는 날, 바다와 산에 올라 가슴 켜켜이 쌓인 그리움에 햇빛을 쪼인다

겨울 산행-32
— 목불견첩目不見睫

한비자韓非子 유로喩老편에 나오는 글귀다. 자기 눈으로 자신의 눈썹을 볼 수 없다는 이야기다

한비자는 이 고사에 대해 "아는 것의 어려움이란 남을 보는 데 있는 것이 아니라 자기 자신을 보는 것"이라고 설명하고 있다
이 고사를 읽으며 나를 아는 것이 얼마나 어렵고 또한 두려운 것인가를 생각게 한다

매일 다니는 길, 매일 다니는 산, 매일 만나는 숲과 나무들, 매일 만나는 사람들, 나는 그들을 얼마나 알고 있는가?
내 눈으로 내 눈썹도 보지 못하면서…

오늘 아침의 화두는 나를 우울하게 한다
야산이나 한 바퀴 돌 속셈으로 내자에게 운동화 대신 등산화를 신으라고 했다. 내 눈썹은 보지 못해도 내자가 보이니 안심이 되었다
소나무에는 솔방울이 열리고 전나무엔 전나무 씨앗이 맺힌다

전나무는 소나무보다 작다. 소나무는 전나무보다 키가 작고 열매가 크기에 종자를 멀리 퍼뜨리지 못하지만, 전나무는 씨앗이 작고 나무의 키도 크기 때문에 멀리까지 종자를 보낼 수 있다

내 눈으로 파악되는 것은 그게 전부다. 내자에게 그 말을 전하자 "시인이랍시고 안목이 그것밖에 안 되냐"는 핀잔을 준다. 나는 멍해지고 말았다

내자는 매일 화장대 앞에서 눈썹을 본다고 했다
선문선답을 듣는 느낌이다
예전에 들었던 노승과 동자승의 이야기를 떠올린다
노승과 동자승이 보시를 나왔다가 입산하는 중에 노승이 중얼거렸다
"어! 심조불산이라"
동자승은 노승이 법문을 하는 줄 알고 사찰 입구에 도착할 때까지 머리를 쥐어짜며 불경을 떠올려 보았다
도저히 풀 수 없는 법문이었다

기어들어 가는 목소리로 "큰스님 죄송해요, 심조불산이란 법문을
풀 수가 없구만요, 죄송합니다"
"에끼, 이놈, 여태 그걸 생각하느라고 조용했구나"
"마을 입구에 붙어 있는 플래카드 못 봤냐, 산불조심"

그렇다. 무엇을 어떻게 보느냐에 따라 달라질 수 있다는 걸 그
우화를 들으며 깨닫는다
눈썹이 안 보이면 거울을 보면 볼 수도 있는 것이다
물론 한비자 유로편에 나오는 의미와는 다르지만…

솔밭을 지나고 위 과수원을 지나서 마을을 심은 황토밭을
바라보며 귀가를 서두른다
정오를 지나 한 시 반이 되니 허기가 진다
집에 도착하면 어제 장날 사다 놓은 물오징어를 데친 후
초고추장에 소주 한잔할 생각을 하니 생기가 나고 군침이 돌았다

겨울 산행-33
— 산에 대한 혼동

현관에 걸려 있는 온도계가 영하 18도를 가리킨다. 빨간
수은주가 온도계의 허리 아래다. 숨을 쉬면 입김이
안개처럼 하늘로 퍼져 나간다
"닥터 지바고"란 영화 한 장면이 떠오른다
설원을 달리는 증기기관차 기적 소리를 듣고, 오마 샤리프
가 차창 밖 설원을 내다보며 줄리 크리스티를 향하여
달리는 사랑을 읽는다
강추위 속에서 오마 샤리프의 가슴 속 우물 깊이를 재
본다

오늘도 이른 아침밥을 먹고 아이젠을 챙겨 집을 나선다
등반 시간을 고려하여 간식거리까지 충분히 챙기다 보니
배낭의 무게가 여느 때보다 무거워졌다
요즘 내가 오르는 산은 산꾼들이 볼 때는 웃음거리다
고작해야 300m부터 1,200여 m의 산이니 가소로울 거다
그러나 그만한 산을 매일 오르고 있으니 오히려 내가
나에게 자랑스럽고 감사할 뿐이다

칼봉산은 가평군 소재지 초입에 있는 900여 m의 산이지만
바위산이라 오르기에 녹록치 않은 산이다
동료가 없으니 혼자 오르는 때가 많다
혼자 오르는 산행은 산도 외롭고 나도 외롭다
혼자 오르는 데 익숙해졌지만 오르다가 잠시 쉬어가는 때는
물소리와 바람소리, 나뭇잎 구르는 소리가 원초적인 내 외로움을
불러낸다

 가끔 외로운 산을 위로하기 위해 산으로 가는지 내가 외롭기
때문에 산을 찾는지 혼동할 때가 많다
칼봉산은 홀로 내버려 두면 눈물 같은 산이다
그 눈물을 닦아주러 산으로 간다는 말을 뇌까리며 칼칼한 비탈을
오른다

겨울 낙서-34

칠십 년이 지나고, 거의 반세기로 접어들고 있으나 전흔戰痕은 여전하다
나는 실향민 1세대다. 다섯 살 때 어머니 손에 이끌려 월남했으니 기억이라야 두어 조각이 전부다. 고향에 대한 애틋한 감정도 그리움도 없다. 그러나 고향에 있을 누나와 삼촌을 생각하곤 한다. 얼굴도 나이도 이름도 가물거린다. 아버지가 적어주신 고향에 관한 서류함도 몇 번 이사를 하는 중에 분실하고 나니 고향은 두꺼운 벽이 되고 말았다
아버지가 그려주셨던 강계군 입관면 용문리 412번지, 고향 가는 길은 상상 속의 로드킬이 되고 말았다

고향 그리워하시는 부모님의 마음을 헤아려 효도랍시고 한 일은 고향 땅이 보일 듯한 강화도에 선산을 마련한 것이 전부다

6·25 피난 시절과 1·4후퇴의 피난 시절은 밀껍질(밀기울)과 풀잎 뿌리로 허기를 달랬고 전쟁이 끝난 후에는 미군이 배급으로 주는 우유죽과 미군부대 짬밥통에서 나오는 꿀꿀이 죽을 얻어먹으며 목숨을 지켰다

6·25 발발 직후에는 인민군과 빨갱이들에게 월남한 가족이
발각될까 봐 발 뻗고 잠을 자지도 못했다
일곱 살 때의 이야기다
6·25 때는 한강 다리가 폭파되는 관계로 우마차 두 대에 친척
4가구가 한강까지 갔다가 다시 돌아와 어머니 고향인 경기도
의정부읍 장암동으로 돌아온 후 폭격을 피하기 위해 수락산
오류봉 및 바위굴에 은신하여 의정부 시가지가 폭격당하는
장면을 영화 보듯 목격했었다

2022년 1월 19일 상흔의 아픔을 조금이나마 각인하기 위해 강화도
교동을 간다. 눈이 10cm 가량 내린다는 일기예보 때문에
토막잠을 잤다
외곽순환고속도로를 거쳐 강화도에 도착한 후 교동으로 향했다.
가평에서 세 시간 남짓 걸렸다

교동은 생각한 것보다는 허름했다

방송국에서 떠벌린 장면이 너무나 허술했다

몇 가지 풍경을 가슴에 담고 강화도를 일주하고 집으로
향했다
아버지와 어머니 계신 선산을 바라보니 코끝이 찡했다

눈물을 전등사 해우소 앞에서 꿀꺽 삼켰다

겨울 낙서-35
— 발목을 잡는다

함박눈이 내린다
발목까지 쌓인다
발목을 잡히고 싶었던 사람이 그리운 날에 눈은 멀리서부터
사선을 긋는다

아이들은 말한다
늙은이에게 그리움이 있다는 게 믿기지 않는다고… 그리움도
나이를 먹는지 나의 그리움은 후줄근해졌다
기타줄처럼 팽팽하던 그리움이 누굴누굴해졌다
창호지에 떨어진 물방울처럼 몸으로 스며들고 말았다

나이 드니 사람이 그립고 어릴 적 뛰어놀던 동산과 가슴을
울리던 동요가 그리워진다
아이들은 말한다
나이 들면 그리움은 내려놓아야지, 왜 데리고 사냐고… 그렇다.
내려놓으면 가벼워질 걸 그렇지 못하니 필부가 아니겠는가.
젊었을 때는 땡땡거리는 그리움을 느끼며 살고, 나이들면
가슴속에 스며드는 그리움을 데리고 사는 게 보통 사람들이

아니겠는가

눈이 발목을 잡는 날, 바다와 산에 올라 가슴 켜켜이 쌓인 그리움에 햇빛을 쪼인다

겨울 낙서-36
— 코로나 고독

코로나19로 인해 2년 동안 거리 두기가 이뤄지고 있다
육안으로는 볼 수 없는 미세한 바이러스가 인간세계를
교란시키고 있다. 사람이 사람에게 곁을 안 주고 사람이 사람을
곁에 오는 것을 꺼려하는 이상한 세상을 살고 있다

매월 30여 년간 1회씩 만나던 대학동창 부부 동반 모임도 2년
동안 1회가 전부였고, 줄기차게 만나던 고등학교 동창 모임도
2회에 불과하다. 가슴에 품고 사는 사람도 곁을 두어야 한다

전화로 생사를 확인하는 것이 고작이다. 보고 싶어도 만나지
못하고 외로워하는, 이런 현상을 '코로나 고독'이라 명명했다

'코로나 고독'이란 철책이 언제쯤 부서질지 갑갑하다
정부에서 정책적으로 완급을 조정하는 것은 아닐까 의심도
해본다
외국에서 번지는데 공항을 열어놓고 국민들만 단속하는 저의가
궁금하다

우리나라 언론 중 일부는 월드컵 축구 중계방송하듯 코로나 중계방송하며 국민을 겁박 주는 느낌도 든다

갑갑하다
간혹 드라이브를 통해 갑갑증을 풀지만 매일 그럴 수는 없어 산책과 산행을 통하여 우울증을 풀고 있다. 독서로 시간을 보내면 좋으련만 노안으로 글자들이 꿈틀거려 몇 줄 읽고는 책을 덮어버리기 일쑤다
'코로나 고독'으로 생기는 우울증을 해결할 수 있는 방법을 생각해 본다. 서민이 집콕에서 탈출하는 방법은 산책과 산행이 전부인 듯싶다

배낭을 꾸린다
눈이 많이 왔으니 큰 산은 갈 수 없기에 양지바른 노적봉 남단을 오르기로 했다
앙상한 나뭇가지에 눈이 소복하고 푸석한 억새 숲에는 햇살을 머금은 눈송이가 반짝거린다
소나무 위에 뭉쳐 있던 눈송이들이 발자국 소리에 놀라

쏟아져 내린다

언덕을 오르내리기가 어렵다. 중심 잡기가 힘들어 자빠지기를
반복했다. 생강나무 위에 얹혀 있는 눈송이가 봄을 불러내는지
가지 끝이 봉긋하다

먼발치의 개울에는 눈 녹은 물이 줄지어 어디론가 떠나고 있다
갑자기 흘러가는 물줄기를 따라가고 싶어진다
큰 산에 가려 이름도 허전한 야산을 오르며 숨을 헐떡인다
미지의 세계처럼 변해버린 눈밭에 발자국을 찍는 것이 신비로움의
세계를 탐험하는 것 같아 흥미롭다

매일매일 조금씩 변하는 알아채지 못할 정도로 변해 가는 자연과
나, 모든 걸 기쁨이라고 고백하고 싶다

겨울 낙서-37
― 손님

외진 곳, 가평 농막에 손님이 온단다
대문 앞에 비질을 했다

우체통에는 친구가 온다는 전갈은 아직 멀리 있고 국세청에서 온 고지서가 전부다
오후에 도착한다는 손님의 전화를 받고 일찍 조반을 챙기고 가끔 가다 오르던 300미터 범바위 능선으로 향했다

인가도 드문 면소재지에 축구장을 짓고 있다
테니스장과 볼링장도 깊은 잠에 들었는데 인조잔디 구장을 신축중이다. 참으로 아리송하다
축구장에 퍼질 함성소리를 환청으로 들으며
마을로 접어들었다

한여름 탐스럽던 백련 단지가 초췌한 모습이다
사람도 청춘이 떠나면 성글어지듯 화려하던 연밭도 겨울 벌판의 허수아비다
능선에 오르니 먼 산의 구름이 눈썹에 걸린다

눈길에 찍힌 들쥐 발자국과 낙엽 흘러간 흔적이 바람이 그려 놓은 자국보다 한량하다

눈 덮인 능선에서 뜬금없이 "사람이 죽으면 영혼이 존재할까"라는 생각을 한다. 영혼이 존재한다는 누이의 기도를 믿기로 했다
손님은 올 거다
'고도를 기다리며'의 마지막 장면을 떠올리며 손님이 당도할 대문으로 향했다
이것이 오늘 내 일기장의 마지막 구절이다

겨울 낙서-40
― 세 토막의 잠

밤 한 시에 잠자리에 들었다.
아홉 시에서 11시 사이에 몸에 좋은 호르몬도 나오고 특히 성장호르몬이 분비된다는데 올빼미 습성이고 보니 키 크기는 포기해야 할 것 같다
세 토막의 잠에 세 토막의 꿈을 꾸었다. 연속극같이 연결된 꿈을 꾸면 기억하기도 좋으련만 어찌 된 일일지 공상만화 같은 토막 꿈이라 기억하기도 힘들다. 머릿속에 소아 DNA가 존재하는가 보다

75세의 내 친구 박씨는 노인정에서 사귄 여자 친구가 화장품을 선물로 주었다며 모든 친구에게 전화를 돌렸다. 어제 만나보니 화색이 돌았다

나는 잡지사에서 재능기부를 하다 보니 노인정에는 나갈 시간이 없고 나가지 못하니 이성 친구를 만날 수 없다. 가끔 사무실 근처를 산책하며 힐끗거린다. 종로3가 탑골공원 옆에는 노인들이 많이 모인다
그러나 시래기처럼 후줄근한 남성 노인들뿐이다. 혹시나

해서 인사동과 북창동 한옥마을까지 장소를 넓혔으나 그럴싸한 이성친구를 발견치 못했다. 애먼 구두만 곤욕을 치른 셈이다

세 토막의 잠 속에도 박씨 영감의 코를 납짝하게 해줄 사건은 없었다
설잠을 잔 탓으로 어지럼증이 돌았다
내자가 사준 레디안스토너와 수분크림을 바른 후 썬블록을 바른 후 용인시에서 발원하여 성남을 거쳐 잠실운동장 옆을 빠져나가 한강으로 합류하는 탄천으로 갔다

운동을 하라고 만들어 놓은 보행자 길에는 사람 반 반려견이 반이다
반려견들과 호흡을 맞추며 걷는다
반려견들은 영역표시와 냄새를 맡는데 온 신경을 쓰지만 화장품 선물도 못 받아 쫄아 있는 나는 자연발생적으로 난 버드나무와 억새풀과 탄천을 휘젓고 다니는 잉어떼를 보며 느슨해진 정서를 조율한다
반려견이나 보면서 겨우 어깨를 으쓱해 본다

코로나 19 그것도 '오미크론'이라는 변이종이 주종이 된 후 사람들은 외출을 삼가고 비대면 만남을 주로 하고 있다. 그러다 보니 이메일과 카톡이 공지방이 되고 원고 청탁서가 날아든다.
정서와 상상력이 고갈되는 시절에 원고 청탁서를 받으면 짐이 된다. 대부분 묵살해 버리지만 꼭 보내야 할 곳에는 정신을 쏟아야 한다.

성남시 신분당선 정자역을 출발하여 판교까지 왕복하면 10km가 넘는다
10km가 넘는 산책길에서 인상에 남는 사람들의 표정과 무심한 겨울을 지키고 있는 버드나무와 우뚝우뚝 솟아 있는 아파트단지를 유심히 본다
저 아파트는 언제 무너질까?
무너진 시멘트 조각에 발견하지 못하는 생명도 있을까?
상상하기조차 싫은 상상을 하며 글감을 찾는다

하나 생각해냈다
화장품 하나에 외로움을 날리고 화색이 봄날로 돌아온 박씨 이야기를 소재로 글 한 꼭지 써야겠다

겨울 낙서-51

해발 1,013m인 사향봉을 오르기로 마음먹고 아랫집 이사장에게 동행을 권유했다
몸이 찌뿌둥하다며 발을 빼려 하기에 마을 촌장이 동행을 하자고 한 것이니 거절하지 말라고 겁박을 하니 알겠다고 한다
촌장이란 관에서 부여한 직책이 아니라 마을을 형성한 공로로 마을 사람들이 붙여준 이름이다. 그러나 때로는 관직보다 위력이 있었다

산 초입에 들어서자 촌장님 적당선에서 하산하자는 아랫집 이사장의 부탁이다. 못 들은 척 휘적휘적 스틱을 내디뎠다
운동으로 다져진 글동무 K 시인이 이웃이었다면 매일 멋진 산행을 할 수 있을 거라는 상상을 해본다
물이 많은 산이라 곳곳이 빙폭이 많다. 산동백나무와 두릅나무는 가지 끝이 봉긋해졌다
햇살은 편한 곳에 자리를 펴고 나무들은 추위에 주눅이 들어 흔들거리고 있다. 오월에는 연인산 철쭉제에 참석하고 유월에는 소백산 철쭉제에 가자는 등의 약속을 던지며 걸었다

걸으면 당뇨에도 좋고 치매 예방에도 도움이 된다는 등의
감언이설을 늘어놓으며 오르고 올랐다
나의 후배는 에베레스트 14봉을 올랐는데 나는 고작 3,9
00미터 옥산에 오른 게 전부다. 이제 어르신 반열에 오르
고 나니 모두 멋쩍어졌다

높이 오를수록 나뭇가지들이 바람을 흔들어 댄다. 햇살이
놓인 흙길은 흐물거려서 미끄러웠다
봄은 하늘에서 오는 게 아니라 땅에서 솟는 것임을 깨닫
는다
이제는 여자보다는 친구가 절실해지고, 돈보다는 건강이
절실해졌다
어떻게 살 것보다 어떻게 정리할까가 중요한 것 같다
어젯밤에는 절친 작품평을 쓰다가 밤을 꼴깍했다. 친한
사람의 글을 평하기가 더 어려운 것 같다

고도 800미터를 넘어서자 다리가 허둥대기 시작한다. 바람
탓을 해보지만 그건 아니다

근자에는 산행보다는 평지 걷기만을 고집한 탓이다
평지 걷기와 오르막 내리막을 반복하는 산행의 운동량이 다름을
깨닫는다
스틱을 내디디며 내일을 계획한다. 밀린 원고 몇 꼭지 쓰고 남는
시간에 산행을 할 것인지 원고는 밤에 쓰고 낮에는 산행을 할
것인지 순서를 고민 중이다. 고민거리도 안될 것을 고민하는
습관이 생겼다

계곡마다 빙폭이다
햇빛과 맞서 싸우는 겨울나무의 용기가 대견스럽다
투명함을 뛰어넘는 빙폭은 모두 우윳빛이다
정상에 오르니 구름이 머리카락을 스쳐 지나간다
구름과 머리를 맞대고 나니 오늘을 보람 있게 산 느낌이다

겨울 낙서-52
― 산에서 만났던 사람

어제, 내 딴에는 높은 산을 올랐다고 생각되어 오늘은
300미터 능선을 걷기로 했다
완급을 조절하겠다는 나름대로 생각에서다
오늘은 산에서 만났던 사람 이야기를 할까 한다

한낮에도 숲에 들면 어둑하고 음습하다
어디선가 무엇이 튀어나올 것 같아 귀를 세우곤 한다
혼자 산행할 때가 많은 편인데 평일에도 단독으로
산행하는 사람을 종종 만나게 된다
그냥 스쳐 지나기가 멋쩍어 "안녕하세요, 혹은 반갑습
니다. 혹은 즐거운 산행하세요"라는 인사와 목례를 하게
된다. 대부분 답례 인사를 주고받는데 어떤 사람은 무응답에
벌레 씹은 표정으로 지나치기도 한다

빤하게 뚫린 산길에서 마주칠 때는 가벼운 마음으로
인사를 주고받지만 어두컴컴한 숲속에서 사람을 만날
때는 머리카락이 쭈뼛 서는 느낌이 들 때가 있다. 특히
여자를 마주칠 때는 경계심이 더욱 발동한다

짐승을 만날 때보다 사람 만나는 것이 더 무서울 때가 있다.

서른 무렵의 가을날 세 명의 친구와 소백산에서 야영하였던
기억은 세월 흐른 지금도 섬뜩하다
오후 늦게 출발한 관계로 목적지인 소백산 연화봉까지 가기가
어려워 산 중턱에서 야영을 하게 되었다
당시에는 산에서 취사가 가능했으므로 요리 준비하려는데 성냥을
가져오지 않은 것을 알게 되었다
성냥이나 라이터는 필수품인데 세 명 모두 누가 '가져오겠지'
마음 때문에 난감한 처지에 놓이게 된 것이다
그러고 보니 담배 피우는 친구가 한 명도 없었다

산 초입 마을까지는 십리는 족히 되었고 어둠이 내려서 성냥을
구하러 가기에는 망설여졌다
두 명이 하산하면 산에 한 명이 남아야 함으로 두 친구가 발 빠른
나를 눈짓으로 네가 갔다 오라는 신호를 보낸다
할 수 없이 성냥 구하러 가는 일을 내가 하게 되었다

칠흑 같은 어둠이 내리니 뒤에서 누군가가 목덜미를 잡을 것 같아 뛰기 시작했다
40여 분만에 마을 초입에 있는 구멍가게에서 각성냥을 구입해서 야영지로 가기 시작했다
내려올 때는 뛰어도 숨이 안 찼는데 오르막길은 숨을 몰아쉬어야만 했다
야영지로 가는 중간에는 참나무 숲이 빽빽하게 들어서 있어 마치 동굴을 연상할 정도였다.

숲의 중간쯤을 갈 무렵 섬찟한 예감이 들어 전방을 보니 시커먼 물체가 움직이고 있었다. 직감으로 나 있는 쪽으로 오고 있음을 알 수 있었다
손에는 작은 랜턴 하나뿐이니 저게 동물이라면 나를 공격한다면 방어할 나를 덮칠 게 뻔했다
옆에 나무토막이라도 있을까 하여 두리번거렸으나 손에 잡을 만한 것이 없었다
육탄전을 각오하고 멈춰 서서 다가오기를 기다렸다. 나에게 다가오던 물체도 인기척에 놀랐는지 멈칫 섰다

"사람이요!"라고 외치자 "당신 누구요"라고 응답하는 중늙은이 목소리가 들렸다. 동굴에서 메아리치는 울림이다. 가까이 다가서서 보니 한 손에는 도끼, 또 한 손에는 톱을 들고 있었다 야밤중에 산에 있는 이유를 물으니 버섯 농장에서 일하다가 늦었다고 한다
온몸에 식은땀이 등줄기를 타고 흘렀다. 친구들이 있는 야영지에 도착하니 웬 땀을 흘리느냐 묻는다

요즘도 야산에 가면 혼자 등산하는 사람을 자주 보게 된다. 내가 앞에서 오는 사람을 미리 발견하면 헛기침을 하여 나 여기 있으라는 신호를 보낸다

산에 오는 사람과 동물 사랑하는 사람치고 나쁜 사람은 없는 것 같다.
원컨데 산행시에 만나면 서로 인사를 했으면 한다. 안면 근육이 마비된 사람처럼 지나치지 않았으면 좋겠다
한 2년 동안 아내가 길동무를 해주니 고맙기 그지없다
요즘에는 글동무, 길동무가 있으니 행복하다

평설

| 평설 |

새 장르에서 향유하는 황홀한 싱그러움
김용언 제12시집
『무엇 때문에 우리는 겨울인가 - 경계를 허물다』를 읽고

장철주(문학평론가)

1. 서성적 일상, 그 순수한 이미지의 '시수詩隨'

 김용언 시인의 제12시집 『무엇 때문에 우리는 겨울인가』 원고를 수견하고, 맨 처음 했던 일이 김 시인의 지난 시집들을 챙겨 보는 일이었다. 김 시인의 모든 시작품은 생명과 율동의 조화가 가득했으며, 그것은 시어詩語의 참신성과 감동의 차원에서 비롯됨을 알 수 있었다.
 또한 예술적 순수의지의 정서를 일깨우고, 인간 감정의 우아, 비장, 관조를 생존의 가장 고답적인 것으로 간주하고 이 감정이 소박미, 감상미 들의 미학적美學的 연계로 이어지기를 소망한 시작품들이 많았다.

이번 제12시집 『무엇 때문에 우리는 겨울인가』는 거기에서 더 나아가 간결해지고 깊이와 넓이가 심층을 달리했으며, 시詩와 수필隨筆의 새로운 중간 경지를 개척했음을 깨달을 수 있었다.

그래서 김용언 시인은 이 책의 부제를 〈경계를 허물다〉로 지었는지도 모르겠다.

"쫓기는 도둑처럼 오락가락 불안하다
 우산을 쓴 사람도 몸을 기우뚱거리고 깃이 젖은 새들도 무거운 날개로 삐뚤삐뚤 허공에 길을 낸다
 쏟아진 빗줄기는 낮은 곳으로 몰려들어 우장창 우장창 천년을 부수고 있다

 동물도 나무도 불안에 떨고 쏟아지는 빗줄기도 불안한지 약한 곳을 찾으며 두리번 거린다

 오늘도 비 내린다
 숲은 우뚝 세우기 위해
 새로운 풀잎을 불러내기 위해 비가 내리는데, 내 일기장에는 물이 고이고 있다.

— 시 「오늘도 비 내린다」 전문

플럭서스(Fluxus)란 흐름, 끊임없는 변화, 움직임을 뜻하는 라틴어 '플럭스'에서 유래하였다. 또한 플럭서스는 1960년부터 1970년대에 걸쳐 일어난 국제적 전위예술운동을 의미하기도 한다.

김용언 시인의 시가 플럭시스적 곧 반항 정신에 기초하여 탈장르, 탈개인, 탈국가, 탈관념들을 내세운 이 실제적인 전위예술운동의 한 자장 안에 놓여 있다고는 할 수 있으나, 분명코 어떠한 측면에서는 이들이 표방하고 있는 예술정신을 넓게 공유하고 있다고도 볼 수 있다.

김용언 시인의 제12시집 『무엇 때문에 우리는 겨울인가』를 찬찬히 고구考究해 보면 모든 시가 새로운 실험정신, 새로운 예술정신에 입각해 있음을 엿볼 수 있다. 특히 위에 인용한 「오늘도 비 내린다」를 비롯하여 「겨울 낙서」 연작시, 「겨울 산행」 연작시를 살펴보면 '시 내음'과 함께 '수필 내음'이 짙게 풍김을 파악할 수 있다. 따라서 필자는 김용언 시인의 제12시집에 게재된 대부분의 작품을 '시수詩隨'라는 새 장르로 이름지어 그 안에 놓고 싶다. 김 시인은 언어의 순수성을 회복하는 고통의 시간과 더불어 자신의 시정신, 자신의 영혼이 구원되기를 바라고 있다. 이제껏 김 시인의 시집이 보여주었던 시정신과 뜨거운 영혼은 침묵에서 진실된 말을 건져 올리려는 '시수'를 쓰는 김 시인 그 자신이었는지도 모른다는 생각도, 제12시집을 읽으며 하게 되었다.

우리는 이 시집에서 김용언 시인의 꾸준한 작업 속에서 훼손된 언어와 영혼이 인간 본연의 빛을 되찾는 순간을 분명 목격하게 될 것이다. 너무 자주 쓰이는 격언이지만, 장 자크 루소의 명언 '인내는 쓰다. 그러나 그 열매는 달다'를 필자는 이 시집에서 뜨겁게 감지하고 있다.

2. 초월적인 경지에서 노래한 미적美的 예술성

　모든 걸 내주고도 마음 넉넉한 겨울나무 같은 사람은 없을까
　비탈이나 음지에서 발이 묶여 있어도 미소를 잃지 않는
나무를 보면 그런 사람이 그립습니다
　나이 들어서도 동안童顔의 미소를 나눠주고 내일이 있으니
주저앉지 말고 일어나라고 위로를 건네줄 사람 만날 수 있을까
　입술이 불그레하고 손발 따뜻하고 가슴 속에 작은 화산을
품고 사는 사람 어디 가면 만날 수 있을까

　실연의 아픔으로 세상이 어둡다고 생명을 반납하는 사람에게
불빛이 되어 줄 사람 만나고 싶습니다
　겨울나무는 빈 몸으로 혹한의 어둠 속에 있어도 외롭지
않습니다
　천 길 땅속으로 흐르는 물소리를 듣고 있기 때문입니다
　겨울나무 같은 사람 어디 없을까
　그런 사람 만나고 싶다
　그런 사람 있다면 달려가고 싶다
　　　　　　　　　　　　　— 시「겨울 낙서/물이 갇히다」전문

선들선들 바람이 흘러간다

산에 오르니 길이 보였다
달려가는 자동차가 장난감처럼 보이고 딸딸거리며 가는 경운기가 그림처럼 보이고 가을을 따는 아낙네의 손이 보인다
알밤 떨어지는 소리는 가을을 알리고 억새잎에 부서지는 바람이 보인다
어느 만큼 외로워져야 높은 하늘을 만질 수 있는지 손을 뻗어 보지만, 투명 유리창을 만지는 촉감이다

도로를 걷는 사람들이 휘청거리고, 허공에 선을 긋고 있는 물새들의 날개가 환하다
산에 오르니 배낭에 채워갈 것이 허무라는 걸 느낀다
길이 보이고 허무라는 낱말이 보이고 가을을 따 담는 아낙네의 손이 보였다
비로소 나는 망망대해에 떠 있는 작은 섬이라는 걸 체험한다
― 시 「산에 오르니 길이 보였다」 전문

한 시인이 펴내는 한 권의 시집에 그냥 그대로 읽을 만한 작품이 몇 편 정도 섞여 있는 경우도 드문 게 현실인데, 김용언 시인의 시집엔 읽은 만한 시작품이 수두룩하다. 그것도 절창이 여럿이나 끼어 있다는 사실은 우리를 더욱더 놀라게 하며, 또 다른 시인들로

하여금 시샘마저 느끼게 한다. 그러나 그것도 도저히 아무나 다다를 수 있는 세계가 아닌 것이 바로 시인으로서의 김용언 시인이 지닐 수 있는 강점이자 뛰어난 장점이다.

앞에 「겨울 낙서-17/ 물이 갇히다」와 「산에 오르니 길이 보였다」 두 편을 인용하였지만, 김 시인은 겨울, 산길, 사계, 목숨, 아침, 매화, 불도화, 낙엽, 사람, 삶, 향기, 뿌리, 소금, 꽃, 가을, 추억, 산행, 겨울길 등을 예사롭지 않은 감각으로 직조해 낸 시작품으로 우리를 흠칫 놀라게 한다.

마음을 텅 비운 세계에서 바라볼 때, 사물을 있는 그대로 선입견 없이 직관할 수 있는 것이다. 시간과 공간 등의 상대적인 세계를 초월하여 사물을 있는 그대로 직관할 수 있는 일은 말 그대로 절대의 초월적인 경지에서 이루어진다. 그런 경지를 노래하면서도 작품의 깊이와 미적美的 예술성에서 결코 떨어지지 않는 게 김용 시인의 「산에 오르니 길이 보였다」 「겨울 낙서-17/물이 갇히다」 등이다. 꾸준히 오래 닦아나가는 그 깊고 넓은 내공의 시가 우리 곁에서 늘 신선한 샘물처럼 퐁퐁 솟아오르기를 심축드린다.

3. 산행의 싱그러움과 실향민의 아픔

김용언 시인의 시작품은 소박하고, 무엇보다 쉽고 친절하게 다가온다. 김 시인의 시는 요설이나 장광설로 치닫고 있는 이즈음의 난해한 시 경향에서 멀찌감치 떨어져 있을 뿐 아니라,

대량적인 출판 산업과도 무관한 편이다.

 저 오랜 서정의 전통 위에서 시 쓰기를 지속하고 있는 것은, 김용언 시인에에 '시詩'란 '말言'의 사찰寺이 것이며, 홀로 하는 글자 놀이가 아니라, 세상을 살아내면서 그 속에 자신을 삼투시키고 이를 표출하는 싱그러운 작업이기 때문일 것이다.

 삶을 살아가는 그 고단한 시간들은 시인에게 고독감을 안겨주기도 하지만, 그 고독감과 문학적 허기짐이 뮤즈의 그리움을 불러오고, 그 신선한 힘에 의해 기 시인의 원고에 빛나는 글자가 한 땀 한 땀 새겨지는 것이다. 김 시인의 시에 늘 사람살이의 내음, 산행의 싱그러움과 풀내음, 흙내음이 배어 있게 되는 원인이며, 그 시詩 정신이 시의 뿌리가 되고 있다.

 감자를 국수가락처럼 채로 썰어 기름 붓고 프라이팬에 노릇노릇 튀기고 시금치를 삶아 갖은양념을 한 후 깨소금을 뿌린 후 식탁에 올린다.
 김치내장고에서 갓 꺼낸 김치의 불그레한 빛깔이 복사꽃 같다.
 -중략-

세 번째 읽는 것 같다
처음 책을 펼치면 난간해진다
엄마가 죽었다. 아니, 언제 죽었는지 모르겠다. 양로원으로부터 전보를 한 통 받았다. '모친 사망, 명일 장례식' 그것만으로는 아무런 뜻이 없다. 어쩌면 어제였는지도 모르겠다.
　알베르트 카뮈의 대표작 『이방인』은 첫 시작부터 강렬하다. 어쩌면 이 문장이 『이방인』에서 말하고자 하는 전말인지도 모르겠다.

　엄마의 죽음이 의미가 없다는 것은 매우 충격적이다. 동서양을 막론하고 부모와 자식은 사회적 관계를 넘어 혈연으로 얽힌 긴밀한 사이이다. 그런데 엄마의 죽음이 의미 없다는 것은 사회적 기준과 도덕적인 기준에 맞지 않는다.
　그럼에도 카뮈는 이 문장을 통해 사회가 정한 규범, 도덕, 법, 죽음에 대한 현 시대상을 말하고 있는 것이다.
　오늘 내가 사는 시대의 혼란상을 예언한 것이다.
　주위의 혼란상을 많이 접하게 된다.
　그럴 때마다 카뮈의 이방인이 됨을 느끼게 된다.

　나는 이방인이다
　　　　　　― 시「겨울 산행- 29/ 오후의 겨울 산길」부분

　칠십 년이 지나고, 거의 반세기로 접어들고 있으나 전흔戰痕은 여전하다
　나는 실향민 1세대다. 다섯 살 때 어머니 손에 이끌려 월남했

으니 기억이라야 두어 조각이 전부이다. 고향에 대한 애틋한 감정도 그리움도 없다. 그러나 고향에 있을 누나와 삼촌을 생각하곤 한다. 얼굴도 나이도 이름도 가물거린다. 아버지가 적어주신 고향에 관한 서류함도 몇 번 이사를 하는 중에 분실하고 나니 고향은 두꺼운 벽이 되고 말았다.

  아버지가 그려주셨던 강계군 입관면 용문리 412번지 고향 가는 길은 상상 속의 로드킬이 되고 말았다.

  고향 그리워하시는 부모님의 마음을 헤아려 효도랍시고 한 일은 고향 땅이 보일 듯한 강화도에 선산을 마련한 것이 전부다.

-중략-

  6·25 때는 한강 다리가 폭파되는 관계로 우마차 두 대에 친척 4가구가 한강까지 갔다가 다시 돌아와 어머니 고향인 경기도 의정부읍 장암동으로 돌아온 후 폭격을 피하기 위해 수락산 오류봉 및 바위굴에 은신하여 의정부 시가지가 폭격당하는 장면을 영화 보듯 목격했었다.

-중략-

  교동은 생각한 것보다는 허름했다

방송국에서 떠벌린 장면이 너무나 허술했다
몇 가지 풍경을 가슴에 담고 강화도를 일주하고 집으로 향했다
아버지와 어머니 계신 선산을 바라보니 코끝이 찡했다

눈물을 전등사 해우소 앞에서 꿀꺽 삼켰다.
— 시「겨울 낙서-34」부분

위에 인용한「겨울 산행-29/오후의 겨울 산길」를 보아도 알 수 있지만, 김용언 시인의 '시수詩隨'에서는 산행의 싱그러움과 실향민의 아픔을 절실하게 느낄 수 있다.

전원시인, 요즈음에 와서는 저항시인으로도 평가받는 신석정 시인은 산을 좋아하고 산행을 즐기면서도 뉘엿뉘엿 황혼녘에 발간한 시집 제목을, 이제야 산에 들어가는 초입이라는 뜻으로 〈산의 서곡〉이라고 명명하였다.

김용언 시인 또한 신석정 시인처럼 산을 흠모하고 산행을 즐기면서도 겸손한 표현을 하였다.

"요즘 내가 오르는 산은 산꾼들이 볼 때는 웃음거리다/고작 해야 300m부터 1,200여m의 산이니 가소로울 거다.
그러나 그만한 산을 매일 오르고 있으니 오히려 내가 나에게 자랑스럽고 감사할 뿐이다./ - 중략- / 가끔 외로운 산을

위로하기 위해 산으로 가는지 내가 외롭기 때문에 찾는지
혼돈할 때가 많다./ 칼봉산은 홀로 내버려두면 눈물 같은
산이다./ 그 눈물을 닦아주러 산으로 간다는 말을 뇌까리며
칼칼한 비탈을 오른다"

— 시 「겨울 산행-33/산에 대한 혼돈」 부분

　김용언 시인의 시작품은 많은 문학평론가의 지적처럼 쉬운 시에 해당된다고 본다. 쉽다는 것은 김용언의 시가 특수한 맥락에서의 비유를 지양하고, 보다 보편적이며 일반적인 비유에 기댄 일상 언어로 이루어진다는 말이다. 그러나 김용언 시의 쉬움의 요소는 일상 언어, 그 자체에 있다기보다는 대부분의 경우 시적 화자의 사유가 시적 이미지와 함께 진술된다는 데 있다.
　김용언 시인의 소박하고 진솔한 고백은 한평생 신앙삼아 시인의 길을 걸어 왔던 시인의 오롯하고 순수한 시심을 말해준다.
　'는개'라는 말이 있다. 안개보다는 굵고 이슬비보다는 가는 비를 가리키는 말이다. 어쩌면 김 시인의 이번 시집은 늘 새로움을 추구하는 '시의 는개', 아니면 '수필의 는개'가 아닐까 하는 생각도 펼쳐 보았다.
　한국문학사에 한 번도 겪어보지 못한 신비로운 '시수', 그 오솔길을 조심조심 걷는 김용언 시인의 발걸음에 뮤즈의 가호가 있기를 기원해 본다.

현대작가시인선 007

김용언 시집 _ **무엇 때문에 우리는 겨울인가**
  - 경계를 허물다

인쇄 | 2025년 3월 10일
발행 | 2025년 3월 15일

지은이 | 김용언
발행인 | 김용언

발행처 | 현대작가사
주소 | 03132 서울시 종로구 삼일대로 30길 21 종로오피스텔 809호
전화 | (02)765-2576
이메일 | moonyosk@hanmail.net
등록 | 제336-96-01008호
인쇄·제본 | 신아출판사
주소 | 전북 전주시 완산구 공북 1길 16
전화 | (063)275-4000   이메일 | sina321@hanmail.net
ISBN 979-11-94761-00-6 04810
ISBN 979-11-971984-1-0 (세트)

값 10,000원

잘못 만들어진 책은 바꾸어 드립니다.